ÉLÉMENS

DE LA

GRAMMAIRE

FRANÇAISE,

PAR DEMANDES ET PAR RÉPONSES,

D'après les Auteurs les plus accrédités ;

PAR

C. COFFIGNY,

INSTITUTEUR PRIMAIRE.

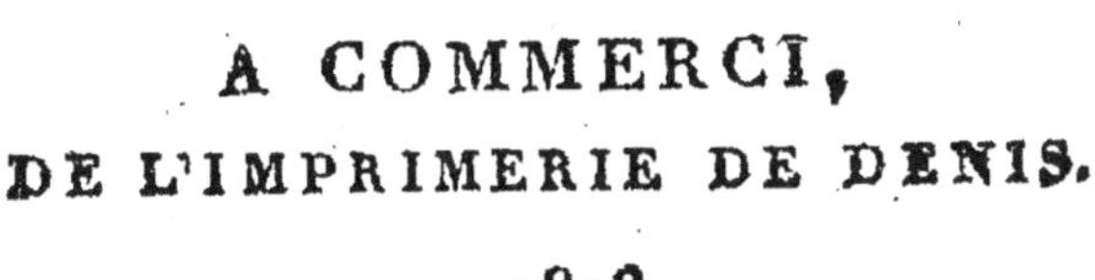

A COMMERCI,

DE L'IMPRIMERIE DE DENIS.

1828.

ÉLÉMENS

DE LA

GRAMMAIRE FRANÇAISE.

Nota. — Cet ouvrage se trouve à Moutrot, près de Toul, chez l'Auteur.

ÉLÉMENS

DE LA

GRAMMAIRE

FRANÇAISE,

PAR DEMANDES ET PAR RÉPONSES,

D'après les Auteurs les plus accrédités ;

PAR

C. COFFIGNY,

INSTITUTEUR PRIMAIRE.

A COMMERCI,

DE L'IMPRIMERIE DE DENIS.

1828.

AVERTISSEMENT.

Nous avons de bonnes Grammaires françaises ; mais, je crois que la plupart sont, surtout pour les enfans de la campagne, trop étendues ou trop raccourcies. Il ne leur faut que des élémens très-simplifiés. Il ne faut leur donner que des choses intelligibles et faciles à graver dans leur mémoire.

Depuis six ans que j'enseigne, j'ai été à portée de les observer de près, de mesurer leurs forces, et de sentir ce qui leur convient.

C'est pourquoi j'ai fait des cahiers de Grammaire française en forme de demandes et de réponses : après en avoir reconnu l'utilité et selon l'avis de personnes éclairées et amies de la jeunesse, je me suis ensuite décidé à les faire imprimer.

J'ai adopté pour les verbes, les adjectifs et les noms l'orthographe en ai, au lieu d'oi : c'est aujourd'hui la plus généralement en usage ; elle est conforme à la prononciation ; elle est suivie dans le Bulletin des lois et dans les actes du Gouvernement ; elle est au—

torisée par l'*Académie française* elle-même, et pratiquée par les meilleurs écrivains. La répudier serait donc rétrograder vers une autre époque et commettre une sorte d'anachronisme.

Quelques personnes trouveront peut-être mes questions trop simples. Je les prie de croire, qu'en faisant mon ouvrage, j'ai examiné et choisi les procédés qui m'ont paru les plus propres à ouvrir, développer, aider l'intelligence de cette jeunesse si tendre, à laquelle j'ai voulu être utile : tel est le but de mon travail et l'unique objet de mon ambition.

CORRECTIONS et ADDITIONS.

On est prié de corriger à la main les fautes et omissions indiquées ci-dessous :

Pages.	Lignes.	Rectifications à opérer.
5....	1.....	longtems...; *écrivez* long-tems.
Ibid..	23.....	tesminés...; *lisez* terminés.
10....	15.....	bail.......; *lisez* bal.
13....	23.....	*mettez* une virgule après qualificatif.
33....	3.....	s'employent ; *écrivez* s'emploient.
45....	13 2.e col.	ayant eu....; *lisez* eu , eue , ayant eu.
51....	13 2.e col.	Passé......; *lisez* Prétérit.
58....	24 2.e col.	qu'il rendit..; *mettez* qu'il rendît (1).
62....	20.....	sse ....; *mettez* se.
63....	22.....	Je m'asseiérai; *écrivez* Je m'asséierai.
90....	11 1.er col.	Il aurait fallu ; *lisez* Il aurait ou il eût fallu.
95....	3.....	ou l' ......; *lisez* ou la.
105...	17.....	que........; *lisez* vu que, attendu que.
112....	9.....	en ait.....; *écrivez* en ais.
Ibid..	10.....	ions, iez, iez, aient; *lisez* ions , iez , aient.
120....	8.....	pluriel...; *lisez* soit singulier soit pluriel.
160....	23.....	un pronom; *lisez* un adjectif.
176....	25.....	impersonnels ; *lisez* unipersonnels.
208....	14.....	*Mettez* un D. avant le mot Comment.

NOTA.— On n'a pas cru devoir comprendre ici deux apostrophes non venus à l'impression sur quelques exemplaires , où leur place reste en blanc , savoir : page 2 , ligne 15.e ; page 8 , ligne 6.e.

TABLE DES MATIÈRES.

Fin de la première partie.

FIN DE LA TABLE.

ÉLÉMENS
DE LA
GRAMMAIRE
FRANÇAISE.

INTRODUCTION.

D. Qu'est-ce que la Grammaire?

R. C'est l'art de parler et d'écrire correctement.

D. A l'aide de quoi apprend-on à parler et à écrire correctement ?

R. C'est à l'aide des règles de la Grammaire.

D. Que faut-il employer pour parler et pour écrire ?

R. Il faut employer des mots.

D. De quoi les mots sont-ils composés?

R. Ils sont composés de lettres et de syllabes.

D. Combien y a-t-il de sortes de lettres?

R. Il y en a de deux sortes, les voyelles et les consonnes.

D. Quelles sont les voyelles ?

R. Les voyelles sont *a*, *e*, *i*, *o*, *u*, et *y*,

D. Pourquoi les appelle-t-on voyelles ?

R. On les appelle voyelles, parce que, seules, elles forment une voix, un son.

D. Combien y a-t-il de consonnes ?

R. Il y en a dix-neuf : *b*, *c*, *d*, *f*, *g*, *h*, *j*, *k*, *l*, *m*, *n*, *p*, *q*, *r*, *s*, *t*, *v*, *x*, *z*.

D. Pourquoi les appelle-t-on consonnes ?

R. On les appelle consonnes, parce qu'elles ne forment un son qu'avec le secours des voyelles, comme *ba*, *be*, *bi*, *bo*, *bu* ; *ca*, *ce*, *ci*, *co*, *cu* ; *da*, *de*, *di*, *do*, *du*, etc.

D. Combien y a-t-il de sortes d'e ?

R. Il y a trois sortes d'*e* : e muet, é fermé, è ouvert.

D. Quand est-ce qu'un e est muet ?

R. Un e est muet quand le son en est sourd et peu sensible ; comme à la fin de ces mots : *homme*, *monde*, etc.

D. Quand est-ce qu'un é est fermé ?

R. Un é est fermé quand on le prononce la bouche presque fermée, comme à la fin de ces mots : *bonté*, *café*, etc.

D. Quand est-ce qu'un è est ouvert ?

R. Un è est ouvert quand, pour le bien

prononcer, il faut appuyer dessus et desserrer les dents, comme à la fin de ces mots : *procès*, *accès*, *succès*, etc.

D. L'y ne s'emploie-t-il pas souvent pour deux i ?

R. Oui, comme dans *pays*, *moyen*, *joyeux*, qu'on prononce comme s'il y avait *pai-is*, *moi-ien*, *joi-ieux*.

D. Qu'est-ce qu'une syllabe ?

R. C'est une ou plusieurs lettres qui forment un son ; ainsi dans le mot *commencement*, il y a quatre syllabes : *com-men-ce-ment*. (1)

D. Comment appelle-t-on les mots d'une syllabe ?

R. On les appelle monosyllabes. Exemple: *Dieu est très-bon. Ce chat est trop gras. Ce loup est grand.*

D. Comment désigne-t-on les autres mots?

R. Un mot composé de deux syllabes s'appelle dissyllabe ; de trois, trissyllabe; de quatre et plus, polysyllabe.

(1) La syllabe prononcée en une seule émission de voix, prend le nom de Diphthongue, quand elle fait prononcer deux sons distincts, comme ia, ié, etc. *Diable*, *pierre*, *moi*, *toi*, etc. On appelle aussi improprement diphthongue deux lettres jointes ensemble, telles que les lettres, æ, œ, dans les mots latins *ævum*, *ætas*, et dans les mots français, *vœu*, *manœuvre*, etc.

D.   N'y a-t-il pas certains mots dans lesquels la lettre *h* ne se prononce point?

R.   La lettre h ne se prononce pas dans les mots suivans : *l'homme*, *l'honneur*, *l'histoire*, etc., qu'on prononce comme s'il y avait : *l'omme*, *l'onneur*, *l'istoire*; alors on l'appelle *h* muette.

D.   N'y a-t-il pas des mots où la lettre *h* se prononce?

R.   Oui, comme par exemple, la *haine*, le *hameau*, le *héros*, etc. La lettre h y fait prononcer du gosier la voyelle qui suit; alors on l'appelle *h* aspirée. Ainsi, il faut écrire et prononcer séparément les deux mots la *haine* et non pas *l'haine*, les *héros*, et non pas comme s'il y avait *les zhéros*.

Des *VOYELLES* longues et brèves.

D.   Combien y a-t-il de sortes de voyelles?

R.   Il y en a de deux sortes : les voyelles longues et les voyelles brèves.

D.   Qu'est-ce que les voyelles longues?

R.   Les voyelles longues sont celles sur lesquelles on appuie plus longtems que sur les brèves en les prononçant.

D. Qu'est-ce que les voyelles brèves?

R. Les voyelles brèves sont celles sur lesquelles on appuie moins que sur les autres, en les prononçant.

D. Donnez des exemples des voyelles longues et brèves.

R. A est long dans *pâte* pour faire du pain, et il est bref dans *palle* d'animal.

E est long dans *tempête*; il est bref dans *trompette*.

I est long dans *gîte* et bref dans *petite*.

O est long dans *apôtre* et bref dans *dévote*.

U est long dans *flûte* et bref dans *butte*.

D. Que faut-il employer en écrivant pour marquer les différentes sortes d'*e* et les voyelles longues?

R. Il faut employer trois petits signes que l'on nomme accents, savoir : l'accent aigu (´) qui se met sur les é fermés, *bonté*, *café*; l'accent grave (`) qui se met sur les è ouverts, *accès*, *procès*; et l'accent circonflexe (ˆ) qui se met sur la plûpart des voyelles longues, *apôtre*, *flûte*.

D. Comment les Grammairiens ont-ils divisé les mots?

R. En parties du discours.

D. Combien y a-t-il de sortes de mots qu'on appelle les parties du discours?

R. Il y en a de dix sortes, savoir: le nom, l'article, l'adjectif, le pronom, le verbe, le participe, la préposition, l'adverbe, la conjonction et l'interjection.

CHAPITRE I.er

PREMIÈRE ESPÈCE DE MOTS.

DU NOM.

D. Qu'est-ce que le nom?

R. Le nom est un mot qni sert à nommer une personne ou une chose quelconque, comme *Dieu, Pierre, Claude, Nanci, livre, chapeau.*

D. Combien y a-t-il de sortes de noms?

R. Il y en a deux sortes : le nom commun et le nom propre.

D. Qu'est-ce que le nom commun?

R. Le nom commun est celui qui convient à plusieurs personnes ou à plusieurs choses semblables : *homme*, *cheval*, *maison*, sont des noms communs, car le nom *homme* convient à *Pierre*, à *Paul*, etc.

D.   Qu'est-ce que le nom propre?

R.   Le nom propre est celui qui ne convient qu'à une seule personne ou à une seule chose, comme *Dieu*, *Adam*, *Thérèse*, *Paris*, la *Seine*, etc.

D.   Qu'est-ce qu'il faut considérer dans les noms?

R.   Le genre et le nombre.

D.   Combien y a-t-il de genres en français?

R.   Il y a deux genres, le masculin et le féminin.

D.   De quel genre sont les noms d'hommes ou de mâles?

R.   Ils sont du genre masculin, comme un *père*, un *lion*.

D.   De quel genre sont les noms de femmes ou de femelles?

R.   Ils sont du genre féminin, comme une *reine*, une *lionne*.

D.   Les autres noms ont-ils un genre?

R.   Oui ; on a donné, par imitation, le genre masculin ou le genre féminin à des choses qui ne sont ni mâles ni femelles, comme un *livre*, une *table*, le *soleil*, la *lune*.

D. Combien y a-t-il de nombres?

R. Il y en a deux: le singulier et le pluriel.

D. Qu'est-ce que le singulier?

R. C'est quand on parle d'une seule personne ou d'une seule chose, comme *un homme, une femme, un livre, une table.*

D. Qu'est-ce que le pluriel?

R. C'est quand on parle de plusieurs personnes ou de plusieurs choses, comme *les hommes, les femmes, les livres, les tables.*

D. Comment se forme le pluriel dans les noms?

R. Le pluriel se forme dans les noms en ajoutant une *s* à la fin, comme le *roi*, les *rois*; la *plume*, les *plumes*; le *livre*, les *livres* (1).

D. D'après cette règle, que faut-il ajouter aux noms terminés au singulier par *s*, *z*, *x*?

R. On n'y ajoute rien : le *fils*, les *fils*; le *puits*, les *puits*; le *pouls*, les *pouls*; le *nez*, les *nez*; la *voix*, les *voix*.

D. Les noms tesminés au singulier par *au*, eau, *eu*, *ou*, ne forment-ils pas encore une exception?

R. Oui : ils prennent *x* au pluriel. L'a-

(1) Gent, fait gens.

loyau, les *aloyaux*; le *boyau*, les *boyaux*; le *gluau*, les *gluaux*; le *joyau*, les *joyaux*; le *noyau*, les *noyaux*; le *tuyau*, les *tuyaux*; le *chapeau*, les *chapeaux*; le *couteau*, les *couteaux*; l'*eau*, les *eaux*; le *fourneau*, les *fourneaux*; le *manteau*, les *manteaux*; le *marteau*, les *marteaux*; le *rideau*, les *rideaux*; le *cheveu*, les *cheveux*; le *feu*, les *feux*; le *jeu*, les *jeux*; le *lieu*, les *lieux*; le *caillou*, les *cailloux*; le *genou*, les *genoux*; le *pou*, les *poux*, etc. (L'usage apprendra le reste).

D. N'y a-t-il pas des noms terminés au singulier par *ou* qui prennent une *s* au pluriel?

R. Il y en a beaucoup, car il faut écrire : le *clou*, les *clous*; le *filou*, les *filous*; le *cou*, les *cous*; le *coucou*, les *coucous*; le *licou*, les *licous*; le *matou*, les *matous*; le *sou*, les *sous*; le *trou*, les *trous*; le *verrou*, les *verrous*.

D. Comment la plûpart des noms terminés au singulier par *al*, *ail*, font-ils au pluriel?

R. Ils le font en *aux* : le *mal*, les *maux*; le *cheval*, les *chevaux*; le *travail*, les *travaux*.
(1) *Ail*, fait *aulx*. *Bétail*, nom collectif, n'a

___

(1) Cependant ceux-ci prennent une *s* : *travail*, fait au pluriel *travails*, quand il veut dire une machine

point de pluriel, comme *bestiaux* n'a point de singulier.

D. Quel est le pluriel d'*aïeul*, m.; *aïeule* f.; *Ciel* et *œil* ?

R. C'est *aïeux*, m.; *aïeules*, f.; *Cieux*, *yeux*. (1)

CHAPITRE II.

SECONDE ESPÈCE DE MOTS.

L'Article le, la, les. (2)

D. Qu'est-ce que l'article ?

R. L'article est un petit mot que l'on met devant les noms communs pour en faire connaître le genre et le nombre. (3)

de fer dont les maréchaux se servent pour attacher les chevaux fougueux. *Attirail*, *bail*, *camail*, *carnaval*, *pal*, *régal*, *sérail*, prennent aussi une *s* au pluriel.

(1) On dit pour désigner le haut d'un lit, *des ciels de lit*, etc. On appelle ces ouvertures rondes ou ovales qui sont au haut des maisons; *œils de bœufs*. On dit aussi : *les œils de la soupe*, *les œils du fromage*.

(2) Prononcez *lés*.

(3) L'article se met encore devant beaucoup de noms propres : la France, l'Amérique, la Moselle, La Rochelle.

D.   Combien avons-nous d'articles?

R.   Nous n'en avons qu'un ; *le*, *la*, au singulier, et *les* au pluriel.

D.   Quand est-ce qu'il faut se servir de *le?*

R.   Il faut s'en servir devant un nom singulier masculin : *le* père, *le* roi, *le* livre.

D.   Quand est-ce qu'il faut se servir de *la?*

R.   Il faut s'en servir devant un nom singulier féminin : *la* mère, *la* reine, *la* table.

D.   Quand est-ce qu'il faut se servir de *les ?*

R.   Il faut s'en servir devant tous les noms pluriels, soit masculins, soit féminins : *les* pères, *les* mères, *les* rois, *les* reines, *les* livres, *les* tables.

D.   Comment connaît-on qu'un nom est du genre masculin ?

R.   C'est quand on peut mettre *le* ou *un* devant ce nom.

D.   Comment connaît-on qu'un nom est du genre féminin ?

R.   C'est quand on peut mettre *la* ou *une* devant ce nom.

D.   Combien y a-t-il de remarques à faire sur l'article?

R.   Il y en a deux.

PREMIÈRE REMARQUE.

D. Donnez-nous la première remarque.

R. On retranche *e* dans le mot *le*, on retranche *a* dans *la* quand le mot suivant commence par une voyelle ou une h muette ; exemple : l'*argent* pour *le* argent, l'*histoire* pour *la* histoire.

D. Comment appelle-t-on cette petite figure qui se trouve entre *l* et *a*, *l* et *h* ?

R. On l'appelle apostrophe.

DEUXIÈME REMARQUE.

D. Que faut-il mettre devant un nom masculin singulier qui commence par une consonne, au lieu de mettre *de le* ?

R. On y met *du*. (1)

D. Et au lieu de *à le* ?

R. On met *au*.

D. Comment se change *de les* devant un nom pluriel ?

R. Il se change en *des*.

D. Et *à les* ?

R. Il se change en *aux*.

____

(1) Du, au, des, aux, sont des *articles composés*.

EXEMPLE.

SINGULIER MASCULIN.	PLURIEL MASCULIN.
Le Roi.	Les Rois.
Palais *du* roi, pour *de le* roi.	Palais *des* rois, pour *de les* rois.
J'obéis *au* roi, pour *à le* roi.	J'obéis *aux* rois, pour *à les* rois.

PLURIEL FÉMININ.

Les Reines.

Le palais *des* reines, pour *de les* reines.

J'obéis *aux* reines, pour *à les* reines.

D. *De* et *à* devant *la* se changent-ils quelquefois?

R. Ils ne se changent jamais.

EXEMPLE.

La reine, *de la* reine, *à la* reine.

CHAPITRE III.

TROISIÈME ESPÈCE DE MOTS.

L'ADJECTIF.

D. Qu'est-ce que l'adjectif?

R. L'adjectif est un mot que l'on ajoute au nom, et qui en prend le genre et le nombre.

D. Combien y a-t-il de sortes d'adjectifs?

R. Il y en a cinq sortes : les qualificatifs

les numéraux, les démonstratifs, les possessifs, et les indéfinis.

DES ADJECTIFS QUALIFICATIFS.

ART. 1.er

D.   Qu'est-ce que les *adjectifs qualificatifs?*

R.   Ce sont ceux qui marquent la qualité d'une personne ou d'une chose, comme *bon*, *bonne*, *beau*, *belle*, *agréable*, etc.

DES ADJECTIFS NUMÉRAUX.

ART. 2.

D.   Qu'est-ce que les *adjectifs numéraux?*

R.   Ce sont ceux dont on se sert pour compter.

D.   Combien y en a-t-il de sortes?

R.   Il y en a de deux sortes : les *adjectifs cardinaux* et les *adjectifs ordinaux*.

D.   Qu'est-ce que les *adjectifs cardinaux?*

R.   Ce sont : *un*, *deux*, *trois*, *quatre*, *cinq*, *six*, *sept*, *huit*, *neuf*, *dix*, *cent*.

D.   Qu'est-ce que les *adjectifs ordinaux?*

R.   Ce sont ceux qui se forment des cardinaux, comme *premier*, *second* ou *deuxième*, *troisième*, *quatrième*, *millième*, etc.

DES ADJÉCTIFS DÉMONSTRATIFS.

ART. 3.

D. Qu'est-ce que les *adjectifs démonstratifs?*

R. Ce sont ceux qui déterminent la signification du substantif, en y ajoutant une idée d'indication.

Il n'y a que ceux-ci :

S. m.   S. f.   Plur. des deux genres.

ce, cet.   cette.   ces.

Remarque.

D. Quand est-ce qu'il faut mettre ce, ou cet ?

R. On met *ce* devant une consonne ou une h aspirée, ce *château*, ce *hameau*. On met *cet* devant une voyelle ou une h muette, cet *oiseau*, cet *homme*. (1)

DES ADJECTIFS POSSESSIFS.

ART. 4.

D. Qu'est-ce que les *adjectifs possessifs?*

R. Ce sont ceux qui déterminent la signification du substantif, en y ajoutant une idée de possession, comme *mon* livre, *votre* che-

(1) Quelques Grammairiens regardent l'article le., la , , les , comme un adjectif démonstratif.

val, *son* chapeau ; c'est-à-dire, le livre *qui
est à moi*, le cheval *qui est à vous*, le chapeau *qui est à lui*.

D.   Quels sont les adjectifs possessifs?

R.   Ce sont :

Sing. Masc.		Sing. Fém.		Pluriel des deux genres.	
mon		ma (mon)		mes	
ton		ta (ton)		tes	
son	livre.	sa (son)	table, ame.	ses	livres, tables, ames.
notre		notre		nos	
votre		votre.		vos	
leur		leur		leurs	

D.   Y a-t-il quelques remarques à faire
sur ces adjectifs ?

R.   Il n'y en a qu'une : on dit *mon* ame,
pour *ma* ame ; *ton* épée, pour *ta* épée ; *son*
humeur, pour *sa* humeur.

DES ADJECTIFS INDÉFINIS.

Art. 5.

D.   Qu'est-ce que les *adjectifs indéfinis?*

R.   Ce sont ceux qui donnent au substantif un sens indéfini ou général, comme
*aucun, aucune ; certain, certaine ; chaque ;
même ; nul, nulle ; quelconque ; quel, quelle ;
quelque ; tel, telle ; tout,* (1) *toute : plusieurs.*

(1) **Tous**, au pluriel.

D. Comment connaît-on qu'un mot est adjectif?

R. C'est quand on peut y joindre le mot *personne* ou *chose* ; ainsi *habile*, *agréable*, sont des adjectifs, parce qu'on peut dire *personne habile*, *chose agréable*.

D. Combien les adjectifs ont-ils de genres?

R. Ils en ont deux : le *masculin* et le *féminin*. (1)

D. Comment cette différence de genres se marque-t-elle ordinairement?

R. Elle se marque par la dernière lettre.

D. Comment se forme le féminin dans les adjectifs français?

R. Quand un adjectif ne finit point par un *e* muet, on y ajoute un *e* muet pour former le féminin : *prudent, prudente ; saint, sainte ; méchant, méchante ; petit, petite ; poli, polie ; vrai, vraie ; égal, égale ; frugal, frugale ; vil, vile ; subtil, subtile ; discret, discrète ; bigot, bigote*, etc.

D. Y a-t-il des exceptions?

R. Il y en a six.

(1) Fat et châtain, n'ont point de féminin.

1.ᵉʳᵉ EXCEPTION.

D. Les adjectifs suivans, *cruel*, *pareil*, *ancien*, *bon*, *gras*, *gros*, *nul*, *net*, *sot*, *épais*, *russien*, *prussien* etc., comment font-ils au féminin ?

R. Ils doublent leur dernière consonne avec l'e muet, *cruelle*, *pareille*, *ancienne*, *bonne*, *grasse*, *grosse*, *nulle*, *nette*, *sotte*, *épaisse*, *russienne*, *prussienne*, etc.

D. Comment font au féminin, *beau*, *nouveau*, *fou*, *mou*, *vieux* ?

R. Ils font *belle*, *nouvelle*, *folle*, *molle*, *vieille*.

D. Pourquoi ?

R. Parce qu'au masculin, on dit *bel*, *nouvel*, *vieil*, *fol*, *mol*, devant une voyelle ou une *h* muette: *bel oiseau*, *bel homme*, *nouvel appartement*, *vieil Adam*, *fol amour*, *ce pain est mol à manger*.

2.ᵉ EXCEPTION.

D. Comment font au féminin, *blanc*, *franc*, *sec*, *frais* ?

R. Ils font *blanche*, *franche*, *sèche*, *fraîche*.

D. Comment font *public*, *caduc*, *turc* ?

R. Ils font *publique*, *caduque*, *turque*.

D. Et quel est le féminin de *grec?*

R. Il fait *grecque.*

3.ᵉ EXCEPTION.

D. Comment font au féminin, *bref*, *naïf*, *neuf*, *vif*, *juif?*

R. Ils font *brève*, *naïve*, *neuve*, *vive*, *juive.*

4.ᵉ EXCEPTION.

D. Comment font au féminin, *malin*, *bénin*, *long ?*

R. Ils font *maligne*, *bénigne*, *longue.*

5.ᵉ EXCEPTION.

D. Comment les adjectifs terminés en *eur*, font-ils leur féminin?

R. Ils le font en *euse*, comme *chanteur*, *chanteuse*, *parleur*, *parleuse*, *trompeur*, *trompeuse*, etc. Cependant *pécheur* (qui commet le péché), fait *pécheresse ; pêcheur* (qui fait son métier de la pêche, qui prend le poisson), fait *pêcheuse ; acteur* fait *actrice ; protecteur*, *protectrice ; majeur*, *mineur*, *meilleur*, font *majeure*, *mineure*, *meilleure.*

6.ᵉ EXCEPTION.

D. Comment se changent les adjectifs terminés en *x?*

R. Ils se changent en *se*, comme *dan-*

gereux, *dangereuse* ; *honteux* , *honteuse* ; *jaloux*, *jalouse*, etc. Cependant *doux* fait *douce ; roux* fait *rousse*, *faux* fait *fausse*, etc.

D. Comment se forme le pluriel dans les adjectifs?

R. Il se forme comme dans les noms , en ajoutant *s* à la fin, *bon*, *bonne ;* au pluriel *bons*, *bonnes.*

D. Les adjectifs qui finissent par *al* ont-ils le pluriel masculin?

R. Il y en a qui l'ont, comme *égal*, *égaux ;* *épiscopal*, *épiscopaux* ; *légal*, *légaux* ; *national*, *nationaux* ; *vénal*, *vénaux* ; *trivial*, *triviaux ; conjugal*, *conjugaux; fatal*, *fatals*, *final* , *finals* ; *pascal*, *pascals* ; et d'autres qui n'en ont point, comme *filial*, *frugal* , *naval*, *pastoral*, *littéral*, *austral*, *boréal.* (1)

ACCORD DES ADJECTIFS AVEC LES NOMS.

Règle générale.

D. Tout adjectif ne doit-il pas être du même genre et du même nombre que le nom auquel il se rapporte ?

R. Oui : le *bon père* , la *bonne mère*

(1) L'instituteur doit s'assurer si les élèves ont cherché tous ces adjectifs, en leur demandant la signification de chacun.

bon est du masculin et du singulier , parce que *père* est un nom du masculin et du singulier ; *bonne* est du féminin, et du singulier , parce que *mère* est un nom féminin et du singulier.

Autres Exemples.

De beaux jardins , de belles fleurs : beaux est du masculin et du pluriel, parce que *jardins* est du masculin et du pluriel ; *belles* est du féminin, et du pluriel, parce que le nom *fleurs* est du féminin et du pluriel.

D. A quel nombre faut-il mettre l'adjectif, quand il se rapporte à deux noms singuliers ?

R. Il faut le mettre au pluriel.

D. Pourquoi ?

R. Parce que deux singuliers valent un pluriel.

Exemples.

Le roi et le berger sont égaux après la mort.

Le loup et l'agneau sont deux animaux différents.

D. Mais si l'adjectif se rapportait à deux

noms de différens genres , comment devrait-
on mettre cet adjectif?

R.   On devrait le mettre au másculin , à
cause qu'il est plus noble que le féminin.

EXEMPLES.

Mon père et ma mère sont contents (et
non pas *contentes*).

*Le loup , la louve et la brebis étaient pré-
sents* (et non pas *présentes*).

*Le coq et la poule sont entrés dans mon
jardin* (et non pas sont *entrées*).

*Il a vu Charles , Marie , Catherine , Fran-
çoise et Caroline qui étaient contents , ou
méchants , ou bons , ou mauvais.*

*Il a appris que les citernes , les ruisseaux ,
les rivières avaient été glacés.*

*On disait qu'on l'avait vu ayant les pieds
et la tête nus.*

D.   Mais oserait-on dire : *voilà un homme
et une femme beaux*? *des pigeons et des
tourterelles nouveaux* ?

R.   Les adjectifs de ces exemples et de
semblables sont peut-être durs à prononcer ;
mais qu'importe? il faut toujours suivre la
règle générale , et il n'y a pas d'exception.
Cependant on ferait mieux , en pareil cas ,

de prendre un autre tour, afin de ne pas blesser l'oreille. Par exemple : *voilà un bel homme et une belle femme. Cet homme et cette femme sont beaux. Des pigeons nouveaux et de jeunes tourterelles.*

D. Faut-il mettre l'adjectif devant le nom ou bien après?

R. Il y a des adjectifs qui se mettent devant le nom, comme *bel homme, belle femme, beau jardin, grand arbre.*

Il y en a d'autres qui se mettent après le nom, comme *habit rouge, table ronde.*

D. Comment savoir si un adjectif doit être placé devant ou après le nom substantif?

R. Il faut consulter l'usage et le Dictionnaire.

D. Qu'appelle-t-on régime ?

R. Un régime est un mot qui dépend immédiatement d'un autre dont il complète le sens.

RÉGIME DES ADJECTIFS.

D. Il se trouve quelquefois un adjectif dont le sens est incomplet ; que faut-il mettre alors entre cet adjectif et le nom qui en achève le sens si on veut les joindre ensemble?

R. Il faut mettre *de* ou *à* entre l'adjectif et le nom.

D.   Comment appelle-t-on ce nom?

R.   On l'appelle le régime de l'adjectif.
Exemples : digne *de récompense ;* content *de son sort ;* utile à *l'homme.* Récompense est le régime de l'adjectif *digne,* parce qu'il est joint à cet adjectif par le mot *de. Sort* est le régime de l'adjectif *content,* parce qu'il est joint à cet adjectif par le mot *de. L'homme* est le régime de l'adjectif *utile,* parce qu'il est joint à cet adjectif par le mot *à.* (1)

Il faut remarquer que le mot qui suit *de* ou *à,* n'est pas toujours un nom : digne *d'être récompensé ;* content *de vivre en travaillant ;* livre utile *à conserver,* bon *à étudier.*

DEGRÈS DE SIGNIFICATION DANS LES ADJECTIFS.

D.   Combien distingue-t-on de degrés de signification dans les adjectifs ?

R.   On en distingue trois : le positif, le comparatif, et le superlatif.

D.   Qu'est-ce que le positif?

R.   Le positif n'est autre chose que l'adjectif, comme *agréable, beau, belle, méchant, petit,* etc.

(1) L'instituteur doit donner à ses élèves, beaucoup d'exemples de cette nature.

D. Qu'est-ce que le comparatif?

R. C'est l'adjectif avec comparaison : quand on compare deux choses, on trouve que l'une est ou supérieure à l'autre, ou inférieure à l'autre, ou égale à l'autre.

D. Que faut-il mettre devant l'adjectif, pour marquer un comparatif de supériorité?

R. Il faut mettre *plus*, comme *Caïn était plus ignorant et plus méchant que son frère.*

D. Que faut-il mettre devant l'adjectif, pour marquer un comparatif d'infériorité?

R. Il faut mettre *moins*, comme *Joseph est moins studieux et moins savant que Charles.*

D. Que faut-il mettre devant l'adjectif, pour marquer un comparatif d'égalité?

R. Il faut mettre *aussi*, comme *Pierre et Paul sont aussi paresseux, aussi ignorans, aussi méchans l'un que l'autre.*

D. A quoi sert le mot *que*?

R. Il sert à joindre les deux choses que l'on compare.

D. Combien avons-nous d'adjectifs qui expriment seuls une comparaison?

R. Nous en avons trois : *meilleur* au lieu de *plus bon* qui ne se dit pas; *moindre*, au lieu de *plus petit; pire*, au lieu de *plus mau-*

vais : comme *cette poire est bonne ; mais celle-ci est encore meilleure* (au lieu de *plus bonne*) ; *si vous trouvez ce chêne petit, à plus forte raison vous trouverez celui-là tel, puisqu'il est encore moindre. Le mensonge est pire que l'indocilité.*

D. Quand est-ce que l'adjectif est au superlatif?

R. L'adjectif est au *superlatif*, quand il exprime la qualité dans un très-haut degré ou dans le plus haut degré.

D. Pour former ce superlatif, que faut-il mettre devant l'adjectif?

R. Il faut y mettre *très, fort, le plus, bien, extrêmement, le mieux, le moins,* comme *Paris est une très-belle ville,* et ce superlatif s'appelle *absolu*; ou *Paris est la plus belle des villes,* et ce superlatif s'appelle *relatif,* parce qu'il marque un rapport aux autres villes.

CHAPITRE IV.

QUATRIÈME ESPÈCE DE MOTS.

DU PRONOM.

D. Qu'est-ce que le pronom?

R. Le *pronom* est un mot qui tient la place du nom.

D. Combien y a-t-il de sortes de pronoms?

R. Il y en a de sept sortes, savoir : les *pronoms personnels*, le *pronom réfléchi*, les *pronoms possessifs*, les *pronoms démonstratifs*, les *pronoms relatifs*, les *pronoms interrogatifs*, et les *pronoms indéfinis*.

PRONOMS PERSONNELS.

ARTICLE 1.er

D. Qu'est-ce que les pronoms personnels?

R. Les pronoms *personnels*, sont ceux qui désignent les personnes.

D. Combien y a-t-il de personnes?

R. Il y a trois personnes : la première est celle qui parle ; la seconde est celle à qui l'on parle ; la troisième est celle de qui l'on parle.

Pronom de la première personne.

D. De quel genre est le pronom de la première personne?

R. Ce pronom est des deux genres : *masculin*, si c'est un homme qui parle; *féminin*, si c'est une femme.

EXEMPLES.

SING.

Je ou *moi*, *me* pour *moi*. } *J'aime le Roi* et *le Roi m'aime*, j'aime, pour *je aime*; *je* est masculin si je suis un homme, et il est féminin si je suis une femme; *m'aime*, pour *me aime*, c'est-à-dire, *aime moi*; *moi* est aussi du masculin si c'est un homme que le Roi aime, et il est du féminin, si c'est une femme.

Me pour *à moi.* } Le maître me *donnera un livre*, c'est-à-dire, *donnera à moi* (*un livre*).

PLUR. *Nous.* } *Nous nous appliquons.*

Pronom de la seconde personne.

D. De quel genre est le pronom de la seconde personne?

R. Il est des deux genres; *masculin*, si c'est à un homme qu'on parle; *féminin*, si c'est à une femme.

EXEMPLES.

SING. *Tu* ou *toi.* } *Tu aimes Dieu.*
C'est toi qui aimes Dieu.

Te pour *à toi, toi.*	*Dieu te donnera des richesses*, c'est-à-dire *donnera à toi.* *Le Roi t'aime,* c'est-à-dire, *aime toi.*
PLUR. *Vous.*	*Vous écoutez.*

Remarque.

D. Ne dit-on pas *vous* au lieu de *tu* ?

R. On le dit par politesse ; par exemple, en parlant à un enfant ou à toute autre personne qu'on n'oserait tutoyer : *vous* êtes bien bon, bien beau, bien aimable.

PRONOM *de la troisième personne.*

D. Quels sont les pronoms de la troisième personne ?

R. Ce sont :

SING. *masculin* il, *féminin* elle. { Il aime, elle aime.

Lui pour *à lui, à elle.*	*Je lui dois de l'estime,* c'est-à-dire, *je dois à lui, à elle.*
Masc. le.	*Je le connais,* c'est-à-dire, *je connais lui.*
Fém. la.	*Je la connais,* c'est-à-dire, *je connais elle.*
Pluriel masculin. *ils* ou *eux.* Pluriel féminin *elles.*	Ils *aiment ;* ce sont *eux,* qui *dorment.* Elles *aiment ;* ce sont elles qui *prient.*
Leur pour *à eux, à elles.*	*Je leur dois le respect,* c'est-à-dire, *je dois à eux, à elles.*

Les pour *eux , elles.* $\Big\{$ *Je* les *connais , c'est-à-dire , je* connais eux , elles.

PRONOM RÉFLÉCHI.

Art. 2.

D. Y a–t-il encore un autre pronom qui marque la troisième personne, qui est des deux genres et des deux nombres ?

R. Oui : c'est *soi, se.*

D. Comment l'appelle–t-on?

R. On l'appelle pronom réfléchi.

D. Pourquoi?

R. Parce qu'il marque le rapport d'une personne à elle-même.

EXEMPLES.

Ils se *donnent des louanges ; il se flatte, c'est-à-dire, ils donnent des louanges* à soi, (à eux ou à elle) ; *il flatte* soi, (lui ou elle).

Il convient rarement de parler de soi.

C'est un vice condamnable de penser toujours à soi.

Remarque.

D. N'y–a-t-il pas deux mots qui servent de pronoms?

R. Oui : 1.° *En* qui signifie *de lui, d'elle,*

d'eux, *d'elles;* ainsi quand on dit : *J'en parle*, on peut entendre, *Je parle* de lui, d'elle, d'eux, d'elles, selon la personne ou la chose dont le nom a été exprimé auparavant.

2.° Y qui signifie *à cette chose*, *à ces choses*, comme quand je dis : *Je m'y applique*, c'est-à-dire, *je m'applique à cette chose*, *à ces choses*.

RÈGLE des pronoms personnels.

D. Les pronoms *il*, *elle*, *ils*, *elles*, ne doivent-ils pas toujours être du même genre et du même nombre que le nom dont ils tiennent la place?

R. Oui; ainsi en parlant de la tête, dites : *elle me fait mal;* *elle*, parce que ce pronom se rapporte à *tête*, qui est du féminin et au singulier; et en parlant de plusieurs jardins, dites : *ils sont beaux;* *ils*, parce que ce pronom se rapporte à *jardins*, qui est du mascu-lin et au pluriel.

PRONOMS POSSESSIFS.

ART. 3.

D. Qu'est-ce que les pronoms possessifs?

R. Les pronoms possessifs sont ceux qui marquent la possession d'une chose, comme :

	Sing. *Masculin.*		**Sing.** *Féminin.*

Ce livre est { le mien. / le tien. / le sien, / le nôtre. / le vôtre. / le leur.

Cette table est { la mienne. / la tienne. / la sienne. / la nôtre. / la vôtre. / la leur.

Pluriel *Masculin.*

Ces livres sont { les miens. / les tiens, / les siens. / les nôtres. / les vôtres. / les leurs.

Pluriel *Féminin.*

Ces tables sont { les miennes. / les tiennes. / les siennes. / les nôtres. / les vôtres. / les leurs.

PRONOMS DÉMONSTRATIFS.

Art. 4.

D. Qu'est-ce que les pronoms démons-tratifs?

R. Les *pronoms démonstratifs* sont ceux qui servent à montrer la personne ou la chose dont on parle.

SINGULIER.		**PLURIEL.**	
Masculin.	*Féminin.*	*Masculin.*	*Féminin.*
Ce, (1)			
Celui,	celle.	Ceux,	celles.
Celui-ci,	celle-ci.	Ceux-ci,	celles-ci.
Celui-là,	celle-là.	Ceux-là,	celles-là.
Ceci.			
Cela.			

(1) *Ce* n'est pronom que lorsqu'il est devant les pro-noms qui, que, quoi, dont, ou devant le verbe être.

Remarque.

D. Quelle différence y a-t-il entre *celui-ci*, *celle-ci*, et *celui-là*, *celle-là*?

R. *Celui-ci*, *celle-ci* s'employent pour montrer la personne ou la chose qui est proche, *celui-là*, *celle-là*, pour montrer ce qui est éloigné.

(Voyez page 15, l'article des *adjectifs démonstratifs*, sur l'emploi de *ce*, *cet*, *cette*, *ces*).

PRONOMS RELATIFS.

Art. 5.

D. Qu'est-que les pronoms relatifs?

R. Les pronoms *relatifs* sont ceux qui ont rapport à un nom qui est devant, comme quand je dis : *l'homme* qui *est bon*, *qui* est relatif parce qu'il se rapporte à *l'homme*, et par conséquent il est masculin : *la table* que *je porte*, *que* est du féminin et il se rapporte *à table*. Le mot auquel *qui* ou *que* se rapporte, s'appelle *antécédent*. Dans les deux exemples ci-dessus, *l'homme* est l'antécédent du pronom relatif *qui ; table* est l'antécédent du pronom relatif *que.*

D. Récitez les pronoms relatifs.

R. Les pronoms *relatifs* sont *qui, que, quoi, quel, quelle, lequel, laquelle, dont, de qui, duquel, de laquelle,* etc., et les pronoms *le, la, les, en, y, le mien, le tien, le sien, le nôtre, le vôtre, le leur.*

D. Quand est-ce qu'il faut se servir de ces pronoms *dont* ou *de qui,* lesquels sont toujours des deux genres et des deux nombres ?

R. Il faut s'en servir quand le verbe duquel ils dépendent veut un régime indirect, comme *l'homme, les hommes, la femme, les femmes* de qui *j'ai reçu de l'argent.*

Les affaires dont *j'ai soin,* dont *je me suis occupé.*

RÈGLE du qui ou que *relatif.*

D. *Qui, que,* relatif, ne s'accorde-t-il pas toujours en genre, en nombre et en personne avec son antécédent ?

R. Oui. Exemple : *l'enfant* qui *chante :* qui est du singulier et de la troisième personne, parce que *l'enfant* est du singulier et de la troisième personne ; il est du masculin si c'est un petit garçon qui chante, il est du féminin, si c'est une petite fille.

PRONOMS INTERROGATIFS.

ART. 6.°

D.   Quels sont les pronoms interrogatifs?

R.   Les pronoms *interrogatifs* sont *qui*, *que*, *quel*, *quelle*, *de qui*, *à qui*, *lequel*, *laquelle*, etc. Comme quand on dit : qui *a fait cela?* que *vous dirai-je?* quel *homme* est venu? quels *hommes sont venus?* quelle *femme est arrivée?* quelles *femmes sont arrivées?* de qui *parlez-vous?* à qui *avez-vous donné mon livre?* lequel *est le plus ignorant?* laquelle *est la plus savante?*

D.   Quand *qui* ou *que* est-il interrogatif?

R.   *Qui* ou *que* est interrogatif quand il n'a point d'antécédent et qu'on peut le tourner par *quelle personne?* ou *quelle chose?* Dans les deux exemples ci-dessus, on peut dire *quelle personne a fait cela? quelle chose vous dirai-je?*

PRONOMS INDÉFINIS.

ART. 7.°

D.   Qu'est-ce que les pronoms indéfinis?

R.   Les pronoms *indéfinis* sont ceux qui

ont une signification générale. Comme *on*,
quelqu'un, *quelqu'une*, *quiconque*, *chacun*,
chacune, *autrui*, *personne*, *l'un l'autre*, *l'un
et l'autre*. Par exemple, quand je dis : on
frappe à la porte, quelqu'un *vous appelle*,
je parle d'une personne, mais je ne fais pas
connaître précisément, d'une manière définie,
quelle elle est.

D. Y a-t-il d'autres pronoms indéfinis?

R, Oui. Ce sont les suivants, lorsqu'ils
ne sont pas joints aux noms : *nul*, *nulle*,
aucun, *aucune*, *plusieurs*, *tout*, *toute*. Exemples. Aucun *n'est venu*. *Ils sont plusieurs.*
*J'ai tout vu. Je n'aurai plus besoin d'étudier
la grammaire : je la sais toute.*

CHARITRE V.

CINQUIÈME ESPÈCE DE MOTS.

LE VERBE.

D. Qu'est-ce que le verbe?

R. Le *verbe* est un mot dont on se sert
pour exprimer que l'on est ou que l'on fait
quelque chose : ainsi le mot *être*, *je suis*
est un verbe, le mot *lire*, *je lis*, est un verbe.

D. Comment connaît-on un verbe en français ?

R. On connaît un *verbe*, en français, quand on peut y ajouter ces pronoms *je*, *tu*, *il*, *nous*, *vous*, *ils* ; comme je *lis*, tu *lis*, il *lit*, nous *lisons*, vous *lisez*, ils *lisent*.

D. A quoi servent les pronoms *je*, *nous* ?

R. Ils servent à marquer la première personne, c'est-à-dire celle qui parle : *j'aime*, *nous* aimons.

D. A quoi servent les pronoms *tu*, *vous* ?

R. Ils servent à marquer la seconde personne, c'est-à-dire celle à qui l'on parle : *tu* aimes, *vous* aimez.

D. A quoi servent les pronoms *il*, *elle* ; *ils*, *elles* et tout nom placé devant un verbe ?

R. Ils servent à marquer la troisième personne, c'est-à-dire celle de qui l'on parle : *il* ou *elle* mange ; *ils* ou *elles* aiment ; *mon père* m'aime ; *Dieu* est grand ; *les moutons* sont tués.

D. Combien y a-t-il de nombres dans les verbes ?

R. Il y en a deux, le *singulier* et le *pluriel*.

D. Qu'est-ce que le singulier ?

R. C'est quand on parle d'une seule personne ou d'une seule chose, comme *j'aime*, Dieu *pardonne*.

D. Qu'est-ce que le pluriel ?

R. C'est quand on parle de plusieurs personnes ou de plusieurs choses, comme *nous aimons*, *les voitures sont faites*.

D. Combien y a-t-il de tems principaux dans un verbe ?

R. Il y en a trois : le *présent*, qui marque que la chose est ou qu'elle se fait actuellement, comme *je lis* ; le *passé* ou *prétérit*, qui marque que la chose a été faite, comme *j'ai lu* ; le *futur* qui marque que la chose sera ou se fera, comme *je lirai*.

D. Combien distingue-t-on de prétérits ou passés ?

R. On en distingue douze, savoir : cinq à l'indicatif, comme : *imparfait*, j'aimais ; *prétérit défini*, j'aimai ; *prétérit indéfini*, j'ai aimé ; *prétérit antérieur*, j'eus aimé ; *plusque-parfait*, j'avais aimé ; trois au subjonctif, comme : *imparfait*, que j'aimasse ; *prétérit*, que j'aye aimé ; *plusque-parfait*, que j'eusse aimé ; deux à l'infinitif : *prétérit*, avoir aimé ; *participe passé*, aimé, aimée.

D. Combien distingue-t-on de futurs ?

R. On en distingue d'abord *deux* à *l'in-dicatif*, comme : *futur simple*, j'aimerai ; *futur composé*, j'aurai aimé ; ensuite on en distingue *un* à l'infinitif, comme : *futur*, devant aimer.

D. Combien distingue-t-on de conditionnels ?

R. On n'en distingue que *deux*, savoir : *conditionnel présent*, j'aimerais ; *conditionnel passé*, j'aurais aimé ou j'eusse fini.

D. Combien distingue-t-on de présents ?

R. On en distingue *cinq*, savoir : *présent de l'indicatif*, j'aime ; *impératif*, aime ; *présent du subjonctif*, que j'aime ; *présent de l'infinitif*, aimer ; *participe présent*, aimant.

D. Combien y a-t-il de tems dans un verbe ?

R. Il y en a *vingt*, savoir : *présent de l'indicatif*, *imparfait*, *prétérit défini*, *prétérit indéfini*, *prétérit antérieur*, *plusque parfait*, *futur simple*, *futur composé*, *conditionnel présent*, *conditionnel passé*, *impératif*, *présent du subjonctif*, *imparfait*, *prétérit*, *plusque-parfait*, *présent de l'infinitif*, *prétérit*, *participe présent*, *participe passé* et *futur*.

D. Ces vingt tems, qui entrent dans la

composition d'un verbe, sont-ils compris dans les modes ou mœufs?

R. Oui.

D. Combien y a-t-il de *modes* ou *mœufs* ou *manières de signifier dans les verbes français?*

R. Il y en a *cinq*, savoir : l'*indicatif*, le *conditionnel*, l'*impératif*, le *subjonctif* et l'*infinitif.*

D. Qu'est-ce que l'*indicatif?*

R. Le verbe est à l'*indicatif*, quand on affirme que la chose est, qu'elle a été ou qu'elle sera.

D. Combien y a-t-il de tems dans l'indicatif?

R. Il y en a huit, savoir : *présent, imparfait, prétérit défini, prétérit indéfini, prétérit antérieur, plusque-parfait, futur simple* et *futur composé.*

D. Qu'est-ce que le *conditionnel* ?

R. Le verbe est au *conditionnel*, quand on dit qu'une chose serait ou qu'elle aurait été moyennant une condition.

D. Combien a-t-il de tems ?

R. Il n'en a que *deux* : le *conditionnel présent* et le *conditionnel passé.*

D.   A quoi sert l'impératif?

R.   L'*impératif* sert à commander, à prier, à exhorter. Il n'a point de première personne, parce qu'une personne ne peut se commander à elle-même : il n'a point de tems, c'est seulement un *mode*.

D.   Quand doit-on se servir du subjonctif?

R.   On doit s'en servir quand on souhaite ou qu'on doute qu'une chose se fasse.

D   Combien ce mode a-t-il de tems?

R.   Il en a *quatre*, savoir : *présent*, *imparfait*, *prétérit* et *plusque-parfait*.

D.   A quoi sert l'infinitif?

R.   Il sert à exprimer l'action ou l'état en général, sans nombre ni personne, comme *lire*, *être*.

D.   Combien y a-t-il de tems dans l'infinitif?

R.   Il y en a *cinq*, savoir : *présent*, *prétérit* ou *parfait*, *participe présent*, *participe passé* et *futur*.

D.   Combien y a-t-il de sortes de verbes?

R.   Il y en a de *huit sortes*, savoir : *verbes auxiliaires*, être et avoir ; *verbes actifs*, aimer, lire ; *verbes passifs*, être aimé, être lu ; *verbes neutres*, dormir, languir ; *verbes neutres passifs*, tomber, aller ; *verbes réfléchis*, se repentir , se réjouir ; *verbes unipersonels* , il faut , il importe ; *verbes irréguliers* , ou *défectifs* ou *anomaux* , comme aller , puer , courir , cueillir , choir , braire , coudre , etc.

Le verbe *être* se nomme aussi *verbe substantif*.

D.   Qu'est-ce que conjuguer un verbe?

R.   C'est en réciter de suite les différens modes avec tous leurs tems , leurs nombres et leurs personnes.

D.   Comment les distingue-t-on ?

R.   Par la terminaison de l'infinitif.

D.   Combien y a-t-il en français de conjugaisons différentes ?

R.   Il y en a quatre.

- D.   Faites les connaître.

R.   La première a l'infinitif terminé en *er* , comme *aimer*.

La seconde a l'infinitif terminé en *ir* , comme *finir*.

La troisième a l'infinitif terminé en *oir* , comme *recevoir*.

La quatrième a l'infinitif terminé en *re* , comme *rendre*.

D.   Quels verbes faut-il savoir pour bien conjuguer tous les autres verbes?

R.   Il est très-essentiel de bien savoir les verbes *auxiliaires*, parce qu'ils aident à conjuguer les autres. Nous allons commencer par ces deux verbes.

VERBE AUXILIAIRE *AVOIR*.

INDICATIF.		Prétérit défini.
	Présent.	
Sing.	J'ai.	J'eus.
	Tu as.	Tu eus.
	Il *ou* elle a.	Il eut.
Plur.	Nous avons.	Nous eûmes.
	Vous avez.	Vous eûtes.
	Ils *ou* elles ont.	Ils eurent.
	Imparfait.	**Prétérit indéfini. (1)**
	J'avais.	J'ai eu.
	Tu avais.	Tu as eu.
	Il *ou* elle avait.	Il a eu.
	Nous avions.	Nous avons eu.
	Vous aviez.	Vous avez eu.
	Ils *ou* elles avaient.	Ils ont eu.

(1) On appelle prétérit *défini*, celui qui marque un tems entièrement passé ; exemple : *j'eus hier la fièvre.* On appelle prétérit *indéfini* celui qui marque un tems dont il peut rester encore quelque partie à s'écouler ; exemple : *j'ai eu la fièvre aujourd'hui.* On appelle prétérit *antérieur* celui qui marque une chose faite avant une autre ; exemple : *dès que nous eûmes vu le Roi, nous partîmes.*

Prétérit antérieur.

J'eus eu.

Tu eus eu.

Il eut eu.

Nous eûmes eu.

Vous eûtes eu.

Ils eurent eu.

Plusque-parfait.

J'avais eu.

Tu avais eu.

Il avait eu.

Nous avions eu.

Vous aviez eu.

Ils avaient eu.

Futur.

J'aurai.

Tu auras.

Il aura.

Nous aurons.

Vous aurez.

Ils auront.

Futur passé.

J'aurai eu.

Tu auras eu.

Il aura eu.

Nous aurons eu.

Vous aurez eu.

Ils auront eu.

CONDITIONNEL.

Présent.

J'aurais.

Tu aurais.

Il aurait.

Nous aurions.

Vous auriez.

Ils auraient.

Passé.

J'aurais eu.

Tu aurais eu.

Il aurait eu.

Nous aurions eu.

Vous auriez eu.

Ils auraient eu.

On dit aussi : *J'eusse eu, tu eusses eu, il eût eu, nous eussions eu, vous eussiez eu, ils eussent eu.*

IMPÉRATIF.

Point de première personne.

Aye.

Qu'il ait.

Ayons.

Ayez.

Qu'ils aient.

SUBJONCTIF.

Présent ou Futur.

Que j'aye.

Que tu ayes.

Qu'il ait.

Que nous ayions.

Que vous ayiez.

Qu'ils aient.

Imparfait.

Que j'eusse.
Que tu eusses.
Qu'il eût.
Que nous eussions.
Que vous eussiez.
Qu'ils eussent.

Prétérit.

Que j'aye eu.
Que tu ayes eu.
Qu'il ait eu.
Que nous ayions eu.
Que vous ayiez eu.
Qu'ils aient eu.

Plus que-parfait.

Que j'eusse eu.
Que tu eusses eu.
Qu'il eût eu.

Que nous eussions eu.
Que vous eussiez eu.
Qu'ils eussent eu.

INFINITIF.

Présent.

Avoir.

Prétérit.

Avoir eu.

PARTICIPES.

Présent.

Ayant.

Passé.

Ayant eu.

Futur.

Devant avoir.

D. Pour savoir si un écolier sait bien un verbe, que faut-il faire?

R. Il faut qu'on lui fasse les questions suivantes.

D. Comment le verbe *avoir* fait-il *aux troisièmes personnes du présent de l'indicatif?*

R. *Il ou elle a, ils ou elles ont.*

D. Dites la seconde personne plurielle du prétérit défini du verbe *avoir?*

R. Vous eûtes.

D. Récitez la troisième personne singulière de l'imparfait du subjonctif?

R. *Qu'il* ou *qu'elle eût.*

D. Savez-vous les personnes du verbe
avoir qui sont susceptibles de prendre un accent circonflexe?

R. Celles qui en sont susceptibles sont :
les première et seconde personnes plurielles
du prétérit défini, *nous eûmes, vous eûtes* ;
les première et seconde personnes du prétérit
antérieur, *nous eûmes eu, vous eûtes eu* ;
la troisième personne singulière du conditionnel passé, *il eût eu* ; la troisième personne
de l'imparfait du subjonctif, *qu'il eût*, et la
troisième personne singulière du plusque-parfait du subjonctif, *qu'il eût eu.* (1)

______

(1) On peut faire beaucoup d'autres semblables questions, et, par ce moyen, on est sûr de savoir si l'écolier
étudie bien, ou comprend bien. Il faudra faire de
pareilles questions à la fin de tous les verbes que nous
allons conjuguer.

VERBE AUXILIAIRE *ÊTRE.*

D. Conjuguez le verbe Être.

R. INDICATIF.

Présent.

Je suis.
Tu es.
Il *ou* elle est.
Nous sommes.
Vous êtes.
Ils *ou* elles sont.

Imparfait.

J'étais.
Tu étais.
Il était.
Nous étions.
Vous étiez.
Ils étaient.

Prétérit défini.

Je fus.
Tu fus.
Il fut.
Nous fûmes.
Vous fûtes.
Ils furent.

Prétérit indéfini.

J'ai été.
Tu as été.
Il a été.
Nous avons été.
Vous avez été.
Ils ont été.

Prétérit antérieur.

J'eus été.
Tu eus été.
Il eut été.
Nous eûmes été.
Vous eûtes été.
Ils eurent été.

Plusque-parfait.

J'avais été.
Tu avais été.
Il avait été.
Nous avions été.
Vous aviez été.
Ils avaient été.

Futur.

Je serai.
Tu seras.
Il sera.
Nous serons.
Vous serez.
Ils seront.

Futur passé.

J'aurai été.
Tu auras été.
Il aura été.
Nous aurons été.
Vous aurez été.
Ils auront été.

CONDITIONNEL
Présent.

Je serais.
Tu serais.
Il serait.
Nous serions.
Vous seriez.
Ils seraient.

Conditionnel passé.

J'aurais été.
Tu aurais été.
Il aurait été.
Nous aurions été.
Vous auriez été.
Ils auraient été.

On dit aussi : j'eusse été, tu eusses été, il eût été, nous eussions été, vous eussiez été, ils eussent été.

IMPÉRATIF.
Point de première personne.
Sois.
Qu'il soit.

Soyons.
Soyez.
Qu'ils soient.

SUBJONCTIF.
Présent ou futur.

Que je sois.
Que tu sois.
Qu'il soit.
Que nous soyions.
Que vous soyiez.
Qu'ils soient.

Imparfait.

Que je fusse.
Que tu fusses.
Qu'il fût.
Que nous fussions.
Que vous fussiez.
Qu'ils fussent.

Prétérit.

Que j'aye été.
Que tu ayes été.
Qu'il ait été.
Que nous ayions été.
Que vous ayiez été.
Qu'ils aient été.

Plusque-parfait.

Que j'eusse été.
Que tu eusses été.
Qu'il eût été.
Que nous eussions été.

Que vous eussiez été.
Qu'ils eussent été.

INFINITIF.

Présent.

Être.

Prétérit.

Avoir été.

PARTICIPES.

Présent.

Étant.

Passé.

Été, ayant été.

Futur.

Devant être.

PREMIÈRE CONJUGAISON.

EN ER.

D. Conjuguez le verbe *Aimer.*

R. INDICATIF.

Présent.

J'aime.   (1)
Tu aimes.
Il *ou* elle aime.
Nous aimons.
Vous aimez.
Ils *ou* elles aiment.

Imparfait.

J'aimais.
Tu aimais.

Il aimait.
Nous aimions.
Vous aimiez.
Ils *ou* elles aimaient.

Prétérit défini.

J'aimai.
Tu aimas.
Il aima.
Nous aimâmes.
Vous aimâtes.
Ils aimèrent.

(1) Ainsi se conjuguent les verbes *chanter*, *causer*, *danser*, *manger*, *appeler* et presque tous ceux dont l'infinitif se termine en *er*.

Prétérit indéfini.

J'ai aimé.
Tu as aimé.
Il a aimé.
Nous avons aimé.
Vous avez aimé.
Ils ont aimé.

Prétérit antérieur.

J'eus aimé.
Tu eus aimé.
Il eut aimé.
Nous eûmes aimé.
Vous eûtes aimé.
Ils eurent aimé.

Plusque-parfait.

J'avais aimé.
Tu avais aimé.
Il avait aimé.
Nous avions aimé.
Vous aviez aimé.
Ils avaient aimé.

Futur.

J'aimerai.
Tu aimeras.
Il aimera.
Nous aimerons.
Vous aimerez.
Ils aimeront.

Futur passé.
J'aurai aimé.

Tu auras aimé.
Il aura aimé.
Nous aurons aimé.
Vous aurez aimé.
Ils auront aimé.

CONDITIONNEL.

Présent.

J'aimerais.
Tu aimerais.
Il aimerait.
Nous aimerions.
Vous aimeriez.
Ils aimeraient

Passé.

J'aurais aimé.
Tu aurais aimé.
Il aurait aimé.
Nous aurions aimé.
Vous auriez aimé.
Ils auraient aimé.

On dit aussi : *J'eusse aimé, tu eusses aimé, il eût aimé, nous eussions aimé, vous eussiez aimé, ils eussent aimé.*

IMPÉRATIF.

Point de première personne.

Aime.
Qu'il aime.

Aimons.
Aimez.
Qu'ils aiment.

SUBJONCTIF.

Présent ou *Futur.*

Que j'aime.
Que tu aimes.
Qu'il aime.
Que nous aimions.
Que vous aimiez.
Qu'ils aiment.

Imparfait.

Que j'aimasse.
Que tu aimasses.
Qu'il aimât.
Que nous aimassions.
Que vous aimassiez.
Qu'ils aimassent.

Prétérit.

Que j'aye aimé.
Que tu ayes aimé.
Qu'il ait aimé.
Que nous ayions aimé.

Que vous ayiez aimé.
Qu'ils aient aimé.

Plusque-parfait.

Que j'eusse aimé.
Que tu eusses aimé.
Qu'il eût aimé.
Que nous eussions aimé.
Que vous eussiez aimé.
Qu'ils eussent aimé.

INFINITIF.

Présent.

Aimer.

Passé.

Avoir aimé.

PARTICIPES.

Présent.
Aimant.

Passé.

Aimé, aimée, ayant aimé.

Futur.

Devant aimer.

SECONDE CONJUGAISON,
EN IR.

D.   Conjuguez le verbe *Finir*.

R.   INDICATIF.

Présent.

Je finis.   (1)
Tu finis.
Il finit.
Nous finissons.
Vous finissez.
Ils finissent.

Imparfait.

Je finissais.
Tu finissais.
Il fiinissait.
Nous finissions.
Vous finissiez.
Ils finissaient.

Prétérit défini.

Je finis.
Tu finis.

Il finit.
Nous finîmes.
Vous finîtes.
Ils finirent.

Prétérit indéfini.

J'ai fini.
Tu as fini.
Il a fini.
Nous avons fini.
Vous avez fini.
Ils ont fini.

Prétérit antérieur.

J'eus fini.
Tu eus fini.
Il eut fini.
Nous eûmes fini.
Vous eûtes fini.
Ils eurent fini.

(1) Ainsi se conjuguent *avertir*, *guérir*, *ensevelir*; *bénir*, mais ce dernier a deux participes *bénit*, *te*, pour les choses consacrées par les prières des prêtres : du pain *bénit*, de l'eau *bénite* : béni, *e*, partout ailleurs. Dieu vous a *béni*, Marie a été *bénie*. *Haïr*; mais ce verbe fait au présent de l'indicatif, je *hais*, tu *hais*, il *hait*, on prononce je *hès*, tu *hès*, il *hèt*. Ce tems ne prend jamais l'accent circonflexe.

Plusque-parfait.

J'avais fini.
Tu avais fini.
Il avait fini.
Nous avions fini.
Vous aviez fini.
Ils avaient fini.

Futur.

Je finirai.
Tu finiras.
Il finira.
Nous finirons.
Vous finirez.
Ils finiront.

Futur passé.

J'aurai fini.
Tu auras fini.
Il aura fini.
Nous aurons fini.
Vous aurez fini.
Ils auront fini.

CONDITIONNEL.

Présent.

Je finirais.
Tu finirais.
Il finirait.
Nous finirions.
Vous finiriez.
Ils finiraient.

Passé.

J'aurais fini.
Tu aurais fini.
Il aurait fini.
Nous aurions fini.
Vous auriez fini.
Ils auraient fini.

On dit aussi : *J'eusse fini,
tu eusses fini, il eût fini,
nous eussions fini, vous
eussiez fini, ils eussent
fini.*

IMPÉRATIF.

Point de première personne.

Finis.
Qu'il finisse.
Finissons.
Finissez.
Qu'ils finissent.

SUBJONCTIF.

Présent ou futur.

Que je finisse.
Que tu finisses.
Qu'il finisse.
Que nous finissions.
Que vous finissiez.
Qu'ils finissent.

Imparfait.

Que je finisse.
Que tu finisses.
Qu'il finît.
Que nous finissions.
Que vous finissiez.
Qu'ils finissent.

Prétérit.

Que j'aye fini.
Que tu ayes fini.
Qu'il ait fini.
Que nous ayions fini.
Que vous ayiez fini.
Qu'ils aient fini.

Plusque-parfait.

Que j'eusse fini.
Que tu eusses fini.

Qu'il eût fini.
Que nous eussions fini.
Que vous eussiez fini.
Qu'ils eussent fini.

INFINITIF.

Présent.

Finir.

Prétérit.

Avoir fini.

PARTICIPES.

Présent.

Finissant.

Passé.

Fini, finie, ayant fini.

Futur.

Devant finir.

TROISIÈME CONJUGAISON,
EN OIR.

D. Conjuguez le verbe *Recevoir.*

R. INDICATIF.

Présent.

Je reçois. . . . . . (1.)
Tu reçois.

Il reçoit.
Nous recevons.
Vous recevez.
Ils reçoivent.

(1) Ainsi se conjuguent *apercevoir*, *concevoir*, *devoir*, *percevoir*, etc.

Imparfait.

Je recevais.
Tu recevais.
Il recevait.
Nous recevions.
Vous receviez.
Ils recevaient.

Prétérit défini.

Je reçus.
Tu reçus.
Il reçut.
Nous reçûmes.
Vous reçûtes.
Ils reçurent.

Prétérit indéfini.

J'ai reçu.
Tu as reçu.
Il a reçu.
Nous avons reçu.
Vous avez reçu.
Ils ont reçu.

Prétérit anterieur.

J'eus reçu.
Tu eus reçu.
Il eut reçu.
Nous eûmes reçu.
Vous eûtes reçu.
Ils eurent reçu.

Plusque-parfait.
J'avais reçu.

Tu avais reçu.
Il avait reçu.
Nous avions reçu.
Vous aviez reçu.
Ils avaient reçu.

Futur.

Je recevrai.
Tu recevras.
Il recevra.
Nous recevrons.
Vous recevrez.
Ils recevront.

Futur passé.

J'aurai reçu.
Tu auras reçu.
Il aura reçu.
Nous aurons reçu.
Vous aurez reçu.
Ils auront reçu.

CONDITIONNEL.

Présent.

Je recevrais.
Tu recevrais.
Il recevrait.
Nous recevrions.
Vous recevriez.
Ils recevraient.

Passé.

J'aurais reçu.

Tu aurais reçu.
Il aurait reçu.
Nous aurions reçu.
Vous auriez reçu.
Ils auraient reçu.

On dit aussi : *J'eusse reçu,
tu eusses reçu , il eût reçu,
nous eussions reçu , vous
eussiez reçu , ils eussent reçu.*

IMPÉRATIF.

Point de première personne.

Reçois.
Qu'il reçoive.
Recevons.
Recevez.
Qu'ils reçoivent.

SUBJONCTIF.

Présent ou futur.

Que je reçoive.
Que tu reçoives.
Qu'il reçoive.
Que nous recevions.
Que vous receviez.
Qu'ils reçoivent.

Imparfait.

Que je reçusse.
Que tu reçusses.
Qu'il reçut.
Que nous reçussions.

Que vous reçussiez.
Qu'ils reçussent

Prétérit.

Que j'aye reçu.
Que tu ayes reçu.
Qu'il ait reçu.
Que nous ayions reçu.
Que vous ayiez reçu.
Qu'ils aient reçu.

Plusque-parfait.

Que j'eusse reçu.
Que tu eusses reçu.
Qu'il eût reçu,
Que nous eussions reçu.
Que vous eussiez reçu.
Qu'ils eussent reçu.

INFINITIF.

Présent.

Recevoir.

Prétérit.

Avoir reçu.

PARTICIPES.

Présent.

Recevant.

Passé.

Reçu , reçue , ayant reçu.
Futur.
Devant recevoir.

QUATRIÈME CONJUGAISON,
EN RE.

D. Conjuguez le verbe *Rendre.*

R. INDICATIF.

Présent.

Je rends.   (1)
Tu rends.
Il rend.
Nous rendons.
Vous rendez.
Ils rendent.

Imparfait.

Je rendais.
Tu rendais.
Il rendait.
Nous rendions.
Vous rendiez.
Ils rendaient.

Prétérit défini.

Je rendis.
Tu rendis.
Il rendit.
Nous rendîmes.
Vous rendîtes.
Ils rendirent.

Prétérit indéfini.

J'ai rendu.
Tu as rendu.
Il a rendu.
Nous avons rendu.
Vous avez rendu.
Ils ont rendu.

Prétérit antérieur.

J'eus rendu.
Tu eus rendu.
Il eut rendu.
Nous eûmes rendu.
Vous eûtes rendu.
Ils eurent rendu.

Plusque-parfait.

J'avais rendu.
Tu avais rendu.
Il avait rendu.
Nous avions rendu.
Vous aviez rendu.
Ils avaient rendu.

(1) Ainsi se conjuguent les verbes *attendre*, *entendre*, *suspendre*, *vendre*, etc.

Futur.

Je rendrai.
Tu rendras.
Il rendra.
Nous rendrons.
Vous rendrez.
Ils rendront.

Futur passé.

J'aurai rendu.
Tu auras rendu
Il aura rendu.
Nous aurons rendu.
Vous aurez rendu.
Ils auront rendu.

CONDITIONNEL.

Présent.

Je rendrais.
Tu rendrais.
Il rendrait.
Nous rendrions.
Vous rendriez.
Ils rendraient.

Passé.

J'aurais rendu.
Tu aurais rendu.
Il aurait rendu.
Nous aurions rendu.
Vous auriez rendu.
Ils auraient rendu.

On dit aussi : *J'eusse rendu, tu eusses rendu, il eût rendu, nous eussions rendu, vous eussiez rendu, ils eussent rendu.*

IMPÉRATIF.

Point de première personne.

Rends.
Qu'il rende.
Rendons.
Rendez.
Qu'ils rendent.

SUBJONCTIF.

Présent ou *futur*

Que je rende.
Que tu rendes.
Qu'il rende.
Que nous rendions.
Que vous rendiez.
Qu'ils rendent.

Imparfait.

Que je rendisse.
Que tu rendisses.
Qu'il rendît.
Que nous rendissions.
Que vous rendissiez.
Qu'ils rendissent.

Prétérit.

Que j'aye rendu.

<table>
<tr><td>

Que tu ayes rendu.
Qu'il ait rendu.
Que nous ayions rendu.
Que vous ayiez rendu.
Qu'ils aient rendu.

Plusque-parfait.

Que j'eusse rendu.
Que tu eusses rendu.
Qu'il eût rendu.
Que nous eussions rendu.
Que vous eussiez rendu.
Qu'ils eussent rendu.

</td><td>

INFINITIF.
Présent.
Rendre.

Prétérit.
Avoir rendu.
PARTICIPES.
Présent.
Rendant.

Passé.
Rendu, rendue, ayant rendu.
Futur.
Devant rendre.

</td></tr>
</table>

DES TEMS DES VERBES.

D. Comment divise-t-on les tems des verbes?

R. On les divise en *tems primitifs*, en *tems dérivés* et en *tems composés*.

DES TEMS PRIMITIFS.

D. Combien compte-t-on de tems primitifs?

R. On en compte cinq.

D. Pourquoi les appelle-t-on tems primitifs?

R. Parce qu'ils servent à former les autres tems dans les quatre conjugaisons.

D. Quels sont les tems primitifs d'un verbe?

R. Le *présent de l'infinitif*, le *participe présent*, le *participe passé*, le *présent de l'indicatif* et le *prétérit de l'indicatif*.

TABLEAU DES TEMS PRIMITIFS.

	PRÉSENT de l'Infinitif.	PARTICIPE présent.	PARTICIPE passé.	PRÉSENT de l'Indicatif.	PRÉTÉRIT de l'Indicatif.
PREMIÈRE CONJUGAISON.	Aimer.	Aimant.	Aimé.	J'aime.	J'aimai.
SECONDE CONJUGAISON.	Finir. Sentir. Ouvrir. Tenir.	Finissant. Sentant. Ouvrant. Tenant.	Fini. Senti. Ouvert. Tenu.	Je finis. Je sens. J'ouvre. Je tiens.	Je finis. Je sentis. J'ouvris. Je tins.
TROISIÈME CONJUGAISON.	Recevoir.	Recevant.	Reçu.	Je reçois.	Je reçus.
QUATRIÈME CONJUGAISON.	Rendre. Plaire. Paraître. Réduire. Plaindre.	Rendant. Plaisant. Paraissant. Réduisant. Plaignant.	Rendu. Plu. Paru. Réduit, Plaint.	Je rends. Je plais. Je parais. Je reduis. Je plains.	Je rendis. Je plus. Je parus. Je réduisis. Je plaignis.

DES TEMS DÉRIVÉS ET DES TEMS COMPOSÉS.

D.   Qu'est-ce que les tems dérivés ?

R.   Ce sont ceux qui se forment des tems primitifs.

D.   Qu'est-ce que les tems composés ?

R.   Ce sont ceux qui ont besoin de l'auxiliaire *être* ou de l'auxiliaire *avoir*.

D.   Combien y a-t-il de tems dérivés ?

R.   Il y en a *sept*, savoir : *Imparfait de l'indicatif, futur simple, conditionnel présent, impératif, présent du subjonctif, imparfait du subjonctif, et futur de l'infinitif.*

D.   Combien y a-t-il de tems composés ?

R.   Il y en a *neuf*, savoir : *prétérit indéfini, prétérit antérieur, plusque-parfait, futur composé, conditionnel passé, prétérit et plusque-parfait du subjonctif, prétérit de l'infinitif, et participe passé composé.*

FORMATION DES TEMS PRIMITIFS.

D.   Quels tems forme-t-on du *présent de l'indicatif?*

R.   On forme l'*impératif* en supprimant seulement le pronom *je;* exemples, j'*aime*, impératif *aime;* je *finis*, impératif *finis;* je *reçois*, impératif *reçois*; je *rends*, impératif *rends*.

D. Y a-t-il des exceptions à cette règle?

R. Il y en a *quatre*, savoir : je *suis*, impératif *sois*; j'*ai*, impératif *aie*; je *vais*, impératif *va*; je *sais*, impératif *sache*.

D. L'impératif *va* du verbe *aller*, ne prend-il pas quelquefois une *s* ?

R. Oui, mais il faut qu'il soit suivi d'un *y* ou du pronom *en*; on dit : *vas-y*, *vas en chercher*; mais on dira : *va en Italie*.

D. Ne prend-il pas aussi un *t* ?

R. Oui, dans cette seule phrase : *va-t-en*, *va-t-en voir*, etc.

D. Quel tems forme-t-on du *prétérit de de l'indicatif?*

R. On forme l'*imparfait du subjonctif*, en changeant *ai* en *asse* pour la première conjugaison : j'*aimai*, imparfait du subjonctif que j'*aimasse*, et en ajoutant seulement *sse* pour les autres conjugaisons : je *finis*, je *finisse*; je *reçus*, je *reçusse*; je *rendis*, je *rendisse*. (Ainsi, les verbes qui n'ont point de prétérit *défini* n'ont point d'*imparfait du subjonctif*.)

D. Quels tems forme-t-on du *présent de l'infinitif?*

R. On forme le *futur de l'indicatif*, en changeant *r* ou *re* en *rai*; exemples : *aimer*, j'aimerai; *finir*, je *finirai*; *prévoir*, je *prévoirai*; *rendre*, je *rendrai*.

D. Y a-t-il des exceptions?

R. Il y en a dans les quatre conjugaisons.

D. Quelles sont les exceptions de la première conjugaison?

R. *Aller*, futur j'*irai*; *appuyer*, j'*appuierai*; *employer*, j'*emploierai*; *envoyer*, j'*enverrai*.

D. Quelles sont les exceptions de la seconde conjugaison?

R. *Tenir*, futur je *tiendrai*; *venir*, je *viendrai*; *courir*, je *courrai*; *cueillir*, je *cueillerai*; *mourir*, je *mourrai*; *acquérir*, j'*acquerrai*.

D. Quelles sont les exceptions de la troisième conjugaison?

R. *Recevoir*, futur je *recevrai*; *avoir*, j'*aurai*; *échoir*, j'*écherrai*; *pouvoir*, je *pourrai*; *savoir*, je *saurai*; *s'asseoir*, je m'*asseiérai*; *voir*, je *verrai* : *vouloir*, je *voudrai*; *valoir*, je *vaudrai*; *falloir*, il *faudra*; *pleuvoir*, il *pleuvra*; *mouvoir*, je *mouvrai*; *devoir*, je *devrai*; *apercevoir*, j'*apercevrai*.

D. Quelles sont les exceptions de la quatrième conjugaison?

R. *Faire*, futur je *ferai*; *être*, je *serai*, (2 verbes exceptés).

D. Quels tems forme-t-on encore de l'infinitif?

R. On forme encore le *conditionnel présent*, en changeant *r* ou *re* en *rais*. *Aimer*, conditionnel j'*aimerais*; *finir*, je *finirais*, etc. Les exceptions sont les mêmes que pour le *futur*. (1)

D. Quels tems forme-t-on du *participe présent*?

R. On forme l'*imparfait de l'indicatif*, en changeant *ant* en *ais* : *aimant*, imparfait j'*aimais*; *finissant*, je *finissais*; *recevant*, je *recevais*; *rendant*, je *rendais*.

D. Combien y a-t-il d'exceptions à cette règle?

R. Il n'y en a que deux : *ayant*, j'*avais*; *sachant*, je *savais*. (Voyez la remarque sur l'orthographe des verbes en *yer*).

(1) Il n'y a que les verbes de la première conjugaison qui prennent un *e* au futur et au conditionnel devant la lettre *r*; j'*aimerai*; je *mangerais*; mais il faut écrire je *finirai*, je *recevrais*.

D.   Ce même participe ne sert-il pas encore à la formation de quelques autres personnes du verbe?

R.   On en forme encore la première personne plurielle du *présent de l'indicatif*, en changeant *ant* en *ons* : *aimant*, nous *aimons*; *finissant*, nous *finissons*; *recevant*, nous *recevons*; *rendant*, nous *rendons*.

D.   Y a-t-il des exceptions à cette règle?

R.   Oui, on dit : *étant*, nous *sommes*; *ayant*, nous *avons*; *sachant*, nous *savons*. (3 exceptions).

D.   Quelle autre personne en forme-t-on encore ?

R.   On forme encore la seconde personne plurielle en *ez* : vous *aimez*, vous *finissez*, vous *recevez*, vous *rendez*.

D.   Y a-t-il des exceptions ?

R.   Oui, *faisant*, vous *faites*; *disant*, vous *dites*; *redisant*, vous *redites*; et non pas vous *faisez*, vous *disez*, vous *redisez*. (Cependant, les verbes *maudire*, *médire*, *contredire*, font à l'indicatif et à l'impératif, *maudissez*, *médisez*, *contredisez*).

D.   De quoi se forme la troisième personne plurielle du *présent de l'indicatif?*

R. Elle se forme du *participe présent :* *aimant*, ils *aiment*; *finissant*, ils *finissent*, etc.

D. Y a-t-il des exceptions?

R. Il y en a dans les quatre conjugaisons.

D. Quelles sont les exceptions de la première conjugaison ?

R. *Allant*, ils *vont*; *envoyant*, ils *envoient*; *appuyant*, ils *appuient*; *employant*, ils *emploient*, etc.

D. Quelles sont les exceptions de la seconde conjugaison?

R. *Acquérant*, ils *acquièrent*; *fuyant*, ils *fuient*; *mourant*, ils *meurent*; *tenant*, ils *tiennent*; *venant*, ils *viennent*.

D. Quelles sont les exceptions de la troisième conjugaison?

R. *Ayant*, ils *ont*; *devant*, ils *doivent*; *mouvant*, ils *meuvent*; *pouvant*, ils *peuvent*; *recevant*, ils *reçoivent*; *voyant*, ils *voient*; *sachant*, ils *savent*; *s'asseyant*, ils *s'asséient*.

D. Quelles sont les exceptions de la 4.e conjugaison?

R. *Buvant*, ils *boivent*; *croyant*, ils *croient*; *étant*, ils *sont*; *faisant*, ils *font*; *prenant*, ils *prennent*.

D. De quoi forme-t-on le *présent du subjonctif?*

R. On le forme du *participe présent*, en changeant *ant* en *e* muet : *aimant*, que j'*aime*; *finissant*, que je *finisse* ; *sachant*, que je *sache*; *rendant*, que je *rende*.

D. Y a-t-il des exceptions ?

R. Il y en a dans les quatre conjugaisons.

D. Indiquez celles de la première.

R. *Allant*, que j'*aille* ; *appuyant*, que j'*appuie* ; *envoyant*, que j'*envoie*; il en est de même de tous les verbes qui se conjuguent comme ces deux derniers.

D. Indiquez celles de la seconde.

R. *Tenant*, que je *tienne*; *venant*, que je *vienne* ; *acquérant*, que j'*acquière* (1); *mourant*, que je *meure* ; *fuyant*, que je *fuie*.

D. Indiquez celles de la troisième.

R. *Recevant*, que je *reçoive* ; *pouvant*, que je *puisse*; *valant*, que je *vaille*; *voulant*, que je *veuille* (2); *mouvant*, que je *meuve* ; *fallant*, participe inusité du verbe *falloir*, qu'il *faille ; devant*, que je *doive* ;

(1) Que tu *acquières*, qu'il *acquière*, que nous *acquérions*, que vous *acquériez*, qu'ils *acquièrent.*

(2) Que tu *veuilles*, qu'il *veuille*, que nous *voulions*, que vous *vouliez*, qu'ils *veuillent.*

percevant, que je *perçoive* (et ses composés) ;
voyant, que je *voie*.

D. Indiquez celles de la quatrième.

R. *Buvant*, que je *boive* ; *faisant*, que je
fasse ; *étant*, que je *sois* ; *prenant*, que je
prenne (et ses composés) ; *croyant*, que je *croie*.

FORMATION DES TEMS COMPOSÉS.

D. Quels tems forme-t-on du *participe
passé*?

R. Tous les *tems composés*, en y joignant
les tems des verbes *avoir* et *être*, comme : J'ai
aimé, j'ai *fini*, j'ai *reçu*, j'ai *rendu* ; j'aurai
aimé, j'aurai *fini*, j'aurai *reçu*, j'aurai *rendu* ;
que j'eusse *aimé*, que j'eusse *rendu*.

VERBES IRRÉGULIERS.

D. Comment appelle-t-on les verbes qui
ne suivent pas toujours la règle des quatre
conjugaisons?

R. On les appelle *verbes irréguliers*.

D. Pourquoi cela ?

R. Parce que plusieurs de ces verbes ne
sont pas usités à certains tems et à certaines
personnes, et parce qu'ils ne suivent pas la
même règle que ceux des quatre conjugaisons.

TEMS PRIMITIFS

DES VERBES IRRÉGULIERS.

Présent de l'infinitif.	Participe présent.	Participe passé.	Présent de l'indicatif.	Prétérit de l'indicatif.
PREMIÈRE CONJUGAISON.				
Aller.	Allant.	Allé.	Je vais.	J'allai.
Puer.	Puant.	Pué.	Je pue.	Je puai.
SECONDE CONJUGAISON.				
Courir.	Courant.	Couru.	Je cours.	Je courus.
Cueillir.	Cueillant.	Cueilli.	Je cueille.	Je cueillis.
Fuir.	Fuyant.	Fui.	Je fuis.	Je fuis.
Mourir.	Mourant.	Mort.	Je meurs.	Je mourus.
Faillir.		Failli.		Je faillis.
Acquérir	Acquérant.	Acquis.	J'acquiers.	J'acquis.
Saillir.	Saillant.	Sailli.	Il saille.	Il saillit.
Tressaillir	Tressaillant	Tressailli.	Je tressaille	Je tressaillis
Vêtir.	Vêtant.	Vêtu.	Je vêts.	Je vêtis.
Revêtir.	Revêtant.	Revêtu.	Je revêts	Je revêtis.
TROISIÈME CONJUGAISON.				
Choir.				
Déchoir.		Déchu.	Je déchois.	Je déchus.
Échoir.	Échéant.	Échu.	Il échet.	J'échus.
Falloir.		Fallu.	Il faut.	Il fallut.
Mouvoir.	Mouvant.	Mu.	Je meus.	Je mus.
Pleuvoir.	Pleuvant.	Plu.	Il pleut.	Il plut.
Pouvoir.	Pouvant.	Pu.	Je puis.	Je pus.
Savoir.	Sachant.	Su.	Je sais.	Je sus.
S'asseoir.	S'asséyant.	Assis.	Je m'assieds	Je m'assis.
Surseoir.		Sursis.	Je surseois.	Je sursis.
Valoir.	Valant.	Valu.	Je vaux.	Je valus.
Voir.	Voyant.	Vu.	Je vois.	Je vis.
Pourvoir.	Pourvoyant	Pourvu.	Je pourvois	Je pourvus
Vouloir.	Voulant.	Voulu.	Je veux.	Je voulus.

QUATRIÈME CONJUGAISON.

Présent de l'infinitif.	Participe présent.	Participe passé.	Présent de l'indicatif.	Prétérit de l'indicatif.
Battre.	Battant.	Battu.	Je bats.	Je battis.
Boire.	Buvant.	Bu.	Je bois.	Je bus.
Braire.			Il brait.	
Bruire.	Bruyant.			
Circoncire.		Circoncis.	Jecirconcis	Jecirconcis
Clorre.		Clos.	Je clos.	
Eclorre.				
Conclure.	Concluant	Conclu.	Je conclus	Je conclus.
Confire.		Confit.	Je confis.	Je confis.
Coudre.	Cousant.	Cousu.	Je couds.	Je cousis.
Croire.	Croyant.	Cru.	Je crois.	Je crus.
Dire.	Disant.	Dit.	Je dis.	Je dis.
Maudire.	Maudissant	Maudit.	Je maudis.	Je maudis.
Ecrire.	Ecrivant.	Ecrit.	J'écris.	J'écrivis.
Exclure.	Excluant.	Exclus.	J'exclus.	J'exclus.
Faire.	Faisant.	Fait.	Je fais.	Je fis.
Prendre.	Prenant.	Pris.	Je prends.	Je pris.
Lire.	Lisant.	Lu.	Je lis.	Je lus.
Luire.	Luisant.	Lui.	Je luis.	
Mettre.	Mettant.	Mis.	Je mets.	Je mis.
Moudre.	Moulant.	Moulu.	Je mouds.	Je moulus
Naître.	Naissant.	Né.	Je nais.	Je naquis.
Nuire.	Nuisant.	Nui.	Je nuis.	Je nuisis.
Rire.	Riant.	Ri.	Je ris.	Je ris.
Rompre.	Rompant.	Rompu.	Je romps.	Je rompis.
Absoudre.	Absolvant.	Absous.	J'absous.	
Résoudre.	Résolvant.	Résous. résolu.	Je résous.	Je résolus.
Suffire.	Suffisant.	Suffi.	Je suffis.	Je suffis.
Suivre.	Suivant.	Suivi.	Je suis.	Je suivis.
Traire.	Trayant.	Trait.	Je trais.	
Vaincre.	Vainquant	Vaincu.	Je vaincs.	Je vainquis
Vivre.	Vivant.	Vécu.	Je vis.	Je vécus.

Nous ne remarquons pas les Verbes composés, parce qu'ils suivent la conjugaison de leurs SIMPLES : par exemple, les composés PROMETTRE, ADMETTRE, se conjuguent comme le verbe simple METTRE.

D. Au moyen de cette table , et des règles que nous avons données sur la formation des tems , y a-t-il des verbes qu'on ne puisse conjuguer ?

R. Il n'y en a aucun.

ACCORD des verbes avec leur nominatif ou sujet.

D. Qu'appelle-t-on *sujet* ou *nominatif* d'un verbe ?

R. On appelle *sujet* ou *nominatif* d'un verbe ce qui est , ou ce qui fait la chose qu'exprime le verbe.

D. Que faut-il faire pour trouver le *nominatif* ou *sujet* ?

R. Il faut faire la question *qui est-ce qui?* la réponse à cette question indique le *nominatif* ou *sujet*. Par exemple : *l'enfant est sage* ; faites la question *qui est-ce qui est sage ?* et vous trouverez que le *nominatif* ou *sujet* du verbe *est* , est *l'enfant*. Le *lièvre court :* qui est-ce qui court? le *lièvre*. Voilà le *sujet* ou *nominatif* du verbe *court*.

Règle.

D. Tout verbe ne doit-il pas être du même nombre et de la même personne que son *nominatif* ou *sujet?*

R. Oui; par exemple, je *parle : parle* est au nombre singulier et de la première personne, parce que *je*, son *nominatif* ou *sujet*, est du singulier et de la première personne; il est masculin, si c'est un homme qui parle; il est du féminin, si c'est une femme. Vous *parlez tous deux : parlez* est au nombre pluriel et de la seconde personne, parce que *vous*, est au nombre pluriel et de la seconde personne.

1.re *Remarque.*

D. Quand un verbe a deux ou plusieurs sujets singuliers, à quel nombre faut-il mettre ce verbe ?

R. Il faut le mettre au pluriel, parce que deux ou plusieurs singuliers valent un pluriel.

D. Donnez des exemples?

R. Mon *frère* et ma *sœur lisent*; mon *grand père*, mon *père* et ma *mère* sont *aimés.*

D. Si les *nominatifs* ou *sujets* étaient séparés par *ou*, voudraient-ils le verbe au pluriel?

R. Non : la *paresse* ou la *gourmandise* devrait être évitée.

2.e *Remarque.*

D. Quand les sujets sont de différentes

personnes , à laquelle met-on le verbe?

R. On le met à la plus noble personne : la première est plus noble que la seconde, et la seconde est plus noble que la troisième.

Exemples.

Vous et *moi* nous lisons.

Vous et *votre frère* vous lisez.

(La politesse française veut qu'on nomme d'abord la personne à qui l'on parle et qu'on se nomme le dernier).

RÉGIME DES VERBES ACTIFS.

D. Qu'appelle-t-on *verbe actif?*

R. On appelle *verbe actif*, celui après lequel on peut mettre *quelqu'un* ou *quelque chose. Aimer* est un verbe actif, parce qu'on peut dire , *aimer quelqu'un*; par exemple : j'*aime* Dieu , j'*obtiens* une récompense ; je *chéris* mon père ; je *respecte* le bien d'autrui. Ces mots qui suivent les verbes actifs, s'appellent *régimes directs.*

D. Comment connaît-on le régime direct?

R. On le connaît en faisant la question *qu'est-ce-que ?* Exemples : *Qu'est-ce que* j'*aime ?* Réponse : *Dieu. Dieu* est le régime du verbe *aime. Qu'est-ce-que j'obtiens? Une récompense*. Récompense est le régime de *j'obtiens*, etc.

Règle.

D. Comment se place le régime direct d'un verbe actif, (quand ce n'est pas un pronom)?

R. Il se place ordinairement après le verbe.

D. Donnez des exemples.

R. *J'aime Dieu*; le *chat mange la souris:* *Dieu* est le régime de *j'aime*; *souris* est le régime de *mange*.

D. Mais quand ce régime est un pronom, où se place-t-il ?

R. Il se place toujours devant le verbe.

D. Citez des exemples.

R. *Je* vous *aime*, pour *j'aime* vous.

Il m'a *délivré*, pour *il a délivré* moi.

Il la *donnera*, pour *il donnera* elle.

D. Outre ce premier régime qu'on appelle *direct*, certains verbes actifs ne peuvent-ils pas encore avoir un second régime?

R. Oui, et ce second régime s'appelle *indirect*.

D. Comment le régime *indirect* se marque-t-il ?

R. Il se marque par les mots *à* ou *de*, comme *donner une image à l'enfant*, *écrire une lettre* à *son ami ;* à *l'enfant* est le régime indirect du verbe *donner ;* à *son ami* est le régime indirect du verbe *écrire. Accuser* quelqu'un de *mensonge, délivrer* quelqu'un du danger : de *mensonge* est le régime indirect du verbe *accuser ;* du *danger* est le régime indirect de *délivrer.*

D. Vous n'avez pas dit ce qu'il fallait faire pour trouver le régime indirect.

R. Pour le trouver, il faut faire la question *de quoi* ou *de qui? à qui* ou *à quoi?* et dire : *De quoi* a-t-on accusé quelqu'un ? de mensonge (régime indirect); *à qui* a-t-on donné une image? à l'enfant (rég. ind.).

D. Décomposez cette phrase : *Je donne une image à l'enfant,* afin que je voie si vous avez compris ce que vous m'avez dit ci-dessus.

R. *Je,* est le sujet ou nominatif de cette phrase, par la question *qui est-ce qui? Donne* est la troisième personne du présent de l'indicatif du verbe actif *donner. Une image* est le régime direct de *donne,* par la question *qu'est-ce que?* et *à l'enfant* est le régime indirect, deuxième du verbe *donne,* par la question *à qui?*

D. Quand un verbe a deux régimes, l'un

direct et l'autre indirect, lequel de ces régimes se place le premier?

R. On place toujours le plus court le premier.

Exemples.

direct.   indir.
J'ai enseigné la grammaire à des enfans paresseux.

direct.   indir.
J'ai donné une image à des écoliers appliqués.

indir.   direct.
Je donne à un enfant un livre qui est bon.

indir.   direct.
J'ai accusé de mensonge tous les témoins qui sont venus.

D. Dans les phrases où il y a deux verbes, où placera-t-on les premiers régimes?

R. On les placera toujours auprès du verbe qui les régit.

Exemples.

Je n'ai *pas voulu* le *tuer.*

Il ne peut la lui *donner.*

Et non pas :

Je ne l'ai *pas voulu tuer.*

Il ne la *peut* lui *donner,* ou *il ne la lui* peut donner.

CHANGEMENT DE L'ACTIF EN PASSIF.

D. Tout verbe actif a-t-il un passif?

R. Oui.

D. Comment se forme-t-il?

R. Il se forme en prenant le régime direct de l'actif pour en faire le nominatif du passif, et en ajoutant après le verbe le mot *par* ou *de*. Ainsi, pour tourner par le passif cette phrase : *le chat mange la souris*, dites : la *souris est mangée* par le *chat* ; *j'aime mon père tendrement*, dites : mon *père est tendrement aimé* de *moi*.

CONJUGAISON DES VERBES PASSIFS.

D. Combien y a-t-il de conjugaisons pour les verbes passifs ?

R. Il n'y en a qu'une.

D. Comment se fait-elle?

R. Elle se fait avec l'auxiliaire *être* dans tous les tems, et le *participe passé* du verbe qu'on veut conjuguer.

D. Conjuguez quelques-uns de ces verbes?

R. INDICATIF.

Présent.

Je suis aimé *ou* aimée.

Tu es aimé *ou* aimée.

Il est aimé, *ou* elle est aimée.

Nous sommes aimés, *ou* aimées.

Vous êtes aimés, *ou* aimées.

Ils sont aimés, *ou* elles sont aimées.

Imparfait.

J'étais aimé, *ou* aimée.

Tu étais aimé, *ou* aimée.

Il était aimé, *ou* elle était aimée.

Nous étions aimés, *ou* aimées.

Vous étiez aimés, *ou* aimées.

Ils étaient aimés, *ou* elles étaient aimées.

Prétérit défini.

Je fus aimé, *ou* aimée.

Tu fus aimé, *ou* aimée.

Il fut aimé, *ou* elle fut aimée.

Nous fûmes aimés, *ou* aimées.

Vous fûtes aimés, *ou* aimées.

Ils furent aimés, *ou* elles furent aimées.

Prétérit indéfini.

J'ai été aimé, *ou* aimée.

Tu as été aimé, *ou* aimée.

Il a été aimé, *ou* elle a été aimée.

Nous avons été aimés, *ou* aimées.

Vous avez été aimés, *ou* aimées.

Ils ont été aimés, *ou* elles ont été aimées.

Prétérit antérieur.

J'eus été aimé, *ou* aimée.

Tu eus été aimé, *ou* aimée.

Il eut été aimé, *ou* elle eut été aimée.

Nous eûmes été aimés, *ou* aimées.

Vous eûtes été aimés, *ou* aimées.

Ils eurent été aimés, *ou* elles eurent été aimées.

Plusque-parfait.

J'avais été aimé, *ou* aimée.

Tu avais été aimé, *ou* aimée.

Il avait été aimé, *ou* elle avait été aimée.

Nous avions été aimés, *ou* aimées.

Vous aviez été aimés *ou* aimées.

Ils avaient été aimés, *ou* elles avaient été aimées.

Futur.

Je serai aimé, *ou* aimée.

Tu seras aimé, *ou* aimée.

Il sera aimé, *ou* elle sera aimée.

Nous serons aimés, *ou* aimées.

Vous serez aimés, *ou* aimées.

Ils seront aimés, *ou* elles seront aimées.

Futur passé.

J'aurai été aimé, *ou* aimée.

Tu auras été aimé, *ou* aimée.

Il aura été aimé, *ou* elle aura été aimée.

Nous aurons été aimés, *ou* aimées.

Vous aurez été aimés, *ou* aimées.

Ils auront été aimés, *ou* elles auront été aimées.

CONDITIONNEL.

Présent.

Je serais aimé, *ou* aimée.

Tu serais aimé, *ou* aimée.

Il serait aimé, *ou* elle serait aimée.

Nous serions aimés, *ou* aimées.

Vous seriez aimés, *ou* aimées.

Ils seraient aimés, *ou* elles seraient aimées.

Passé.

J'aurais été aimé, *ou* aimée.

Tu aurais été aimé, *ou* aimée.

Il aurait été aimé, *ou* elle aurait été aimée.

Nous aurions été aimés, *ou* aimées.

Vous auriez été aimés, *ou* aimées.

Ils auraient été aimés, *ou* elles auraient été aimées.

On dit aussi : *J'eusse été aimé, ou aimée, tu eusses été aimé, ou aimée, il eût été aimé, ou elle eût été aimée ; nous eussions été aimés, ou aimées, vous eussiez été aimés, ou aimées, ils eussent été aimés, ou elles eussent été aimées.*

IMPÉRATIF.

Point de première personne.

Sois aimé, *ou* aimée.

Qu'il soit aimé, *ou* qu'elle soit aimée.

Soyons aimés, *ou* aimées.

Soyez aimés, *ou* aimées.

Qu'ils soient aimés, *ou* qu'elles soient aimées.

SUBJONCTIF.

Présent ou Futur.

Que je sois aimé, *ou* aimée.

Que tu sois aimé *ou* aimée.

Qu'il soit aimé, *ou* qu'elle soit aimée.

Que nous soyions aimés, *ou* aimées.

Que vous soyiez aimés, *ou* aimées.

Qu'ils soient aimés, *ou* qu'elles soient aimées.

Imparfait.

Que je fusse aimé, *ou* aimée.

Que tu fusses aimé, *ou* aimée.

Qu'il fût aimé, *ou* qu'elle fût aimée.

Que nous fussions aimés, *ou* aimées.

Que vous fussiez aimés, *ou* aimées.

Qu'ils fussent aimés, *ou* qu'elles fussent aimées.

Prétérit.

Que j'aye été aimé, *ou* aimée.

Que tu ayes été aimé, *ou* aimée.

Qu'il ait été aimé, *ou* qu'elle ait été aimée.

Que nous ayions été aimés, *ou* aimées.

Que vous ayiez été aimés, *ou* aimées.

Qu'ils aient été aimés, *ou* qu'elles aient été aimées.

Plusque-parfait.

Que j'eusse été aimé, *ou* aimée.

Que tu eusses été aimé, *ou* aimée.

Qu'il eût été aimé, *ou* qu'elle eût été aimée.

Que nous eussions été aimés, *ou* aimées.

Que vous eussiez été aimés, *ou* aimées.

Qu'ils eussent été aimés, *ou* qu'elles eussent été aimées.

INFINITIF.

Présent.

Être aimé, *ou* aimée.

Prétérit.

Avoir été aimé, *ou* aimée.

PARTICIPES.

Présent.

Étant aimé, *ou* aimée.

Passé.

Ayant été aimé, *ou* aimée.

Futur.

Devant être aimé, *ou* aimée.

RÉGIME DES VERBES PASSIFS.

D. Que met-on devant le nom ou pronom qui suit le verbe passif ?

R. On met *de* ou *par*, et le nom ou pronom s'appelle régime du verbe passif.

Exemples.

Un enfant sage est aimé *de* ses parens.

La souris est mangée *par* le chat.

D. Quelles questions faut-il faire pour trouver le régime des verbes passifs?

R. Il faut faire les questions *de qui? par qui?* Ainsi, dans les deux exemples ci-dessus, on voit facilement que ce sont les mots *parens* et *chat* qui sont régimes. C'est comme si je disais :

De qui l'enfant sage est-il aimé? *De ses parens* (régime).

Par qui la souris a-t-elle été mangée? *Par le chat.* (rég.).

Remarque.

D. Doit-on employer le mot *par* avec le nom *Dieu*, et dire : les méchans seront punis *par* Dieu?

R. Non, il faut employer le mot *de*, et dire : les méchans seront punis *de Dieu*; *de Dieu* est le régime du verbe passif *être puni.*

VERBES NEUTRES.

D. Quels sont les verbes qu'on appelle neutres?

R.   Ce sont ceux après lesquels on ne peut pas mettre *quelqu'un* ni *quelque chose:* *languir*, *dormir* sont des verbes neutres, parce qu'on ne peut pas dire , languir *quelqu'un*, dormir *quelque chose.* (1)

D.   Pourquoi les appelle-t-on *neutres?*

R.   On les appelle *neutres* parce qu'ils ne sont ni *actifs* ni *passifs.*

D: Comment se conjuguent la plupart de ces verbes?

R.   La plupart de ces verbes se conjuguent comme les verbes actifs , avec l'auxiliaire *avoir:* *je dors* , *jai dormi* , *j'avais dormi*, etc.

D.   Y a-t-il des verbes neutres qui ont un régime?

R.   Oui.

D: Que faut-il mettre devant le nom ou pronom qui suit le verbe neutre?

R.   Il faut mettre *de* ou *à* , et c'est ce qui

(1) Il y a des verbes *neutres* qui deviennent *actifs* lorsqu'ils ont un régime direct, comme : *sortir le pain du four* ; *descendre l'échelle du grenier* ; *parler la langue française* ; *monter un cheval* ; *passer l'eau* , etc. Ce dernier verbe se conjugue avec le verbe *avoir* lorsqu'il a un régime, soit direct , soit indirect. On dit : *J'ai passé à Toul* ; *j'ai passé par la prairie*, et non pas : *je suis passé à*, etc. ; mais on dira : *la procession est passée.*

correspond aux questions *de qui, de quoi, à qui, à quoi.*

D. Donnez des exemples.

R. De. *Médire de quelqu'un.*   A. *Nuire* à *la santé.*
Profiter des *leçons.*   *Plaire* au *Seigneur.*
Jouir de la *liberté.*   *Convenir* à *quelqu'un.*

Ainsi ces mots *quelqu'un, leçons, liberté, santé, Seigneur, quelqu'un,* sont régimes indirects des verbes neutres *médire, profiter, jouir, nuire, plaire, convenir.*

D. N'y a-t-il pas des verbes neutres qui se conjuguent dans leurs tems composés avec l'auxiliaire *être ?*

R. Oui, comme *venir, arriver, aller,* (1) *tomber, choir, descendre, partir, sortir, devenir,* etc. Cependant, *contrevenir* et *subvenir* prennent l'auxiliaire *avoir.*

D. Comment appelle-t-on ces verbes qui tiennent de l'actif et du passif?

R. On les appelle *neutres-passifs.*

______

(1) Les tems du verbe *être : je fus, j'ai été, j'eusse été, j'avais été, avoir été,* s'emploient quelquefois dans le sens du verbe *aller ;* c'est quand on parle d'un lieu d'où l'on est revenu.

CONJUGAISON DES VERBES NEUTRES PASSIFS.

D. Conjuguez quelques verbes *neutres-passifs.*

R. INDICATIF.

Présent.

Je tombe.   (1)

Tu tombes.

Il, *ou* elle tombe.

Nous tombons.

Vous tombez.

Ils, *ou* elles tombent.

Imparfait.

Je tombais.

Tu tombais.

Il, *ou* elle tombait.

Nous tombions.

Vous tombiez.

Ils, *ou* elles tombaient.

Prétérit défini.

Je tombai.

Tu tombas.

Il, *ou* elle tomba.

Nous tombâmes.

Vous tombâtes.

Ils, *ou* elles tombèrent.

Prétérit indéfini.

Je suis tombé, *ou* tombée.

Tu es tombé, *ou* tombée.

Il est tombé, *ou* elle est tombée

Nous sommes tombés, *ou* tombées.

Vous êtes tombés, *ou* tombées.

Ils sont tombés, *ou* elles sont tombées.

Prétérit antérieur.

Je fus tombé, *ou* tombée.

Tu fus tombé, *ou* tombée.

Il fut tombé, *ou* elle fut tombée.

Nous fûmes tombés, *ou* tombées.

Vous fûtes tombés, *ou* tombées.

Ils furent tombés, *ou* elles furent tombées.

Plusque-parfait.

J'étais tombé, *ou* tombée.

Tu étais tombé, *ou* tombée.

(1) Il faut de tems en tems faire conjuguer aux élèves les verbes *neutres-passifs*, parce que ce sont les plus difficiles à retenir.

Il était tombé, *ou* elle était tombée.

Nous étions tombés, *ou* tombées.

Vous étiez tombés, *ou* tombées.

Ils étaient tombés, *ou* elles étaient tombées.

Futur.

Je tomberai.

Tu tomberas.

Il, *ou* elle tombera.

Nous tomberons.

Vous tomberez.

Ils, *ou* elles tomberont.

Futur passé.

Je serai tombé, *ou* tombée.

Tu seras tombé, *ou* tombée.

Il sera tombé, *ou* elle sera tombée.

Nous serons tombés, *ou* tombées.

Vous serez tombés *ou* tombées.

Ils seront tombés, *ou* elles seront tombées.

CONDITIONNEL.

Présent.

Je tomberais.

Tu tomberais.

Il, *ou* elle tomberait.

Nous tomberions.

Vous tomberiez.

Ils, *ou* elles tomberaient.

Passé.

Je serais tombé, *ou* tombée.

Tu serais tombé, *ou* tombée.

Il serait tombé, *ou* elle serait tombée.

Nous serions tombés, *ou* tombées.

Vous seriez tombés, *ou* tombées.

Ils seraient tombés, *ou* elles seraient tombées.

On dit aussi : *Je fusse tombé, ou tombée, tu fusses tombé, ou tombée, il fût tombé, ou elle fût tombée, nous fussions tombés, ou tombées, vous fussiez tombés ou tombées, ils fussent tombés, ou elles fussent tombées.*

IMPÉRATIF.

Point de première personne.

Tombe.

Qu'il, *ou* qu'elle tombe.

Tombons.

Tombez.

Qu'ils *ou* qu'elles tombent.

SUBJONCTIF.

Présent ou Futur.

Que je tombe.

Que tu tombes.
Qu'il, *ou* qu'elle tombe.
Que nous tombions.
Que vous tombiez.
Qu'ils, *ou* qu'elles tombent.

Imparfait.

Que je tombasse.
Que tu tombasses.
Qu'il, *ou* qu'elle tombât.
Que nous tombassions.
Que vous tombassiez.
Qu'ils, *ou* qu'elles tombassent.

Prétérit.

Que je sois tombé, *ou* tombée.
Que tu sois tombé, *ou* tombée.
Qu'il soit tombé, *ou* qu'elle soit tombée.
Que nous soyions tombés, *ou* tombées.
Que vous soyiez tombés, *ou* tombées.
Qu'ils soient tombés, *ou* qu'elles soient tombées.

Plusque-parfait.

Que je fusse tombé, *ou* tombée.
Que tu fusses tombé, *ou* tombée.
Qu'il fût tombé, *ou* qu'elle fût tombée.
Que nous fussions tombés, *ou* tombées.
Que vous fussiez tombés, *ou* tombées.
Qu'ils fussent tombés, *ou* qu'elles fussent tombées.

INFINITIF.

Présent.

Tomber.

Prétérit.

Être tombé, *ou* tombée.

PARTICIPES.

Présent.

Tombant.

Passé.

Tombé, tombée, étant tombé.

Futur.

Devant tomber.

NOTA. On conjuguera de même les verbes, *venir, je viens; arriver, j'arrive*, etc.

DES VERBES RÉFLÉCHIS.

D. Les verbes *neutres-passifs* ont-ils des régimes directs?

R. Non, puisque ce sont des verbes *neutres*.

D. Qu'appelle-t-on *verbes réfléchis?*

R. On appelle *verbes réfléchis*, ceux dont

le nominatif et le régime sont la même personne,
comme : *je me flatte, je me loue, je me blesse.*

D. Comment conjugue-t-on les verbes réfléchis?

R. On les conjugue comme le verbe *tomber,*
c'est-à-dire, qu'ils prennent l'auxiliaire *être*
aux tems composés.

CONJUGAISON DES VERBES RÉFLECHIS.

D. Récitez le verbe réfléchi *se repentir.*

R. INDICATIF.

Présent.

Je me repens.
Tu te repens.
Il, *ou* elle se repent.
Nous nous repentons.
Vous vous repentez.
Ils, *ou* elles se repentent. (1)

Imparfait.

Je me repentais, etc.

Prétérit défini.

Je me repentis, etc.

Prétérit indéfini.

Je me suis repenti *ou* repentie.

Prétérit antérieur.

Je me fus repenti, *ou* repentie.

Plusque-parfait.

Je m'étais repenti, ou repentie.

Futur.

Je me repentirai.

Futur passé.

Je me serai repenti, *ou* repentie.

CONDITIONNEL.

Présent.

Je me repentirais.

Passé.

Je me serais repenti, *ou* repentie.

On dit aussi : *Je me fusse
repenti,* ou *repentie.*

IMPÉRATIF.

Point de première personne.

Repens-toi.

(1) On peut se dispenser de mettre les secondes et
troisièmes personnes.

Qu'il, *ou* qu'elle se repente.
Repentons-nous.
Repentez-vous.
Qu'ils, *ou* qu'elles se repentent.

SUBJONCTIF.

Présent ou *futur.*

Que je me repente.

Imparfait.

Que je me repentisse.

Prétérit.

Que je me sois repenti, *ou* repentie.

Plusque-parfait.

Que je me fusse repenti, *ou* repentie.

INFINITIF.

Présent.

Se repentir.

Prétérit.

S'être repenti, *ou* repentie.

PARTICIPES.

Présent.

Se repentant.

Passé.

Repenti, s'étant repenti, *ou* repentie.

Futur.

Devant se repentir.

Remarque.

D. *Me, te, se, nous, vous,* qui sont le régime des verbes réfléchis, sont-ils toujours régime direct ?

R. Non.

D. Citez des exemples où le régime du verbe réfléchi soit régime direct.

R. Je *me* repens, je *me* loue, tu *te* blesseras ; c'est-à-dire, *je repens* moi, (régime direct) ; *je loue* moi, (régime direct) ; *tu blesseras* toi, (régime direct).

D.   Citez des exemples où le régime du verbe réfléchi soit *régime indirect*?

R.   Je *me* donne des louanges, c'est-à-dire, *je donne* à moi, (régime indirect); des louanges, (régime direct); je *me* fais une loi, c'est-à-dire, *je fais* à moi, (régime indirect); une loi, (régime direct).

VERBES UNIPERSONNELS.

D.   Quels verbes appelle-t-on unipersonnels?

R.   On appelle *verbes unipersonnels* tous ceux qui n'ont que la troisième personne du singulier, comme, *il faut*, *il importe*, *il pleut*, *il neige*, *il grêle*, *on dit*, *on aime*, *il arrive*, etc.

D.   Comment se conjuguent les verbes unipersonnels?

R.   Ils se conjuguent à la troisième personne du singulier comme les autres verbes.

D.   Conjuguez un verbe unipersonnel?

R.   INDICATIF.

Présent.

Il faut.

Imparfait.

Il fallait.

Prétérit défini.

Il fallut.

Prétérit indéfini.

Il a fallu.

Prétérit antérieur.

Il eut fallu.

Plusque-parfait.

Il avait fallu.

Futur.

Il faudra.

Futur passé.

Il aura fallu.

CONDITIONNEL.

Présent.

Il faudrait.

Passé.

Il aurait fallu.

SUBJONCTIF.

Présent ou *futur.*

Qu'il faille.

Imparfait.

Qu'il fallût.

Prétérit.

Qu'il ait fallu.

Plusque-parfait.

Qu'il eût fallu.

INFINITIF.

Présent.

Falloir.

PARTICIPE.

Passé.

Ayant fallu.

Remarque.

D. Quand est-ce que le mot *il* marque un verbe unipersonnel?

R. Le mot *il* marque un verbe unipersonnel, quand on ne peut pas mettre un nom à sa place.

D. Citez des exemples où il y ait des verbes unipersonnels et d'autres verbes à la troisième personne?

R. *Il faut qu'il aime*, (en parlant de Jean); *il arrive* que les bons *sont punis* pour les méchans.

D. Décomposez les deux exemples ci-dessus.

R. Il *faut* est un verbe unipersonnel, parce qu'on ne peut pas mettre un nom à la place de *il*; qu'il *aime* est un verbe actif, parce qu'on peut mettre le nom de Jean à la place de *il*; il en est de même de tous les verbes unipersonnels.

CHAPITRE VI.
SIXIÈME ESPÈCE DE MOTS.
LE PARTICIPE.

D. Qu'est-ce que le participe?

R. Le *participe* est un mot qui tient du verbe et de l'adjectif, comme *aimant*, *aimé*. Il tient du verbe en ce qu'il en a la signification et le régime : *aimant Dieu*, *aimé de Dieu*; il tient aussi de l'adjectif, en ce qu'il qualifie une personne ou une chose, c'est-à-dire, qu'il en marque la qualité, comme : *vieillard honoré*, *vertu éprouvée*.

ACCORD DES PARTICIPES.
DU PARTICIPE PRÉSENT.

D. Le participe présent varie-t-il?

R. Il ne varie jamais.

Exemples.

Un homme lisant.	*Une femme* lisant.
Des hommes saluant.	*Des femmes* saluant.

D. Quelle est la terminaison du *participe présent ?*

R. Il est toujours terminé en *ant*, et jamais en *ent*.

D. Qu'est-ce que des Grammairiens appellent *gérondif ?*

R. Ce qu'ils appellent *gérondif* n'est autre chose que le participe présent, devant lequel ils mettent le mot *en*, comme : *les jeunes gens se forment l'esprit en lisant de bons livres.* (1)

DU PARTICIPE PASSÉ.

D. Avec quoi s'accorde le *participe passé* quand il est seul, c'est-à-dire quand il n'est pas accompagné du verbe auxiliaire *avoir*, ni de l'auxiliaire *être ?*

(1) Il ne faut pas confondre avec le participe présent, certains adjectifs verbaux (c'est-à-dire, qui viennent des verbes). On dit : *un homme* obligeant, *une femme* obligeante ; ce ne sont pas des participes, parce qu'ils n'ont pas de régime ; mais quand je dis, *cette femme est d'un bon caractère*, obligeant *tout le monde quand elle peut;* obligeant est ici *participe*, puisqu'il a le régime *tout le monde.*

R. Il s'accorde avec le nom auquel il se rapporte.

Exemples.

Une maison bâtie ;	des maisons bâties.
Un terrain planté ;	des terrains plantés.
Un homme aimé ;	des femmes aimées.

Enfin, il suit la règle des adjectifs.

D. Le participe passé s'accorde-t-il avec son nominatif ou avec son régime ?

R. Il s'accorde tantôt avec l'un et tantôt avec l'autre.

Accord du participe passé avec le nominatif ou sujet.

1.ere Règle.

D. Quand le participe passé est accompagné du verbe auxiliaire *être*, ne s'accorde-t-il pas en genre et en nombre avec son nominatif ou sujet ?

R. Oui, c'est-à-dire, qu'on ajoute *e* si le sujet est au féminin, et *s* si le sujet est au pluriel.

Exemples.

Mon frère a été puni.	Ma sœur a été punie.
Mes frères ont été punis.	Mes sœurs ont été punies.
Mon frère est tombé.	Ma sœur est tombée.
Mes frères sont tombés.	Mes sœurs sont tombées.

2.ᵉ RÈGLE.

D. Quand le participe passé est accompagné du verbe auxiliaire *avoir*, s'accorde-t-il avec son nominatif ou sujet?

R. Il ne s'y accorde jamais.

Exemples.

Mon père a écrit *une lettre.*	*Ma mère* a dormi.
Mes parens ont écrit *des lettres.*	*Mes parentes* ont dormi.
Mon frère a lu.	*Ma sœur* a lu *un livre.*
Mes frères ont lu.	*Mes sœurs* ont lu *des livres.*

Accord du participe passé avec le régime.

RÈGLE GÉNÉRALE.

D. Quand le participe passé s'accorde-t-il avec son régime direct?

D. Quand ce régime est devant le participe.

Exemples.

La lettre que *j'ai* écrite, *je vous* l'ai envoyée.

Les livres que *j'avais* prêtés, *on les a* rendus.

Quelle *affaire avez-vous* entreprise?

Quand la race de Caïn se fut multipliée.

Combien *d'ennemis n'a-t-il pas* vaincus?

D. Dans cette phrase : *la lettre* que *j'ai* écrite, quel est le régime?

R. C'est *que* ou *laquelle lettre.* Il est devant le participe ; ainsi il s'accorde avec le participe.

L'ai envoyée , le régime est *l'*, ou *l'*, qui signifie la lettre. Il est devant le participe ; par conséquent il s'accorde avec le participe.

Les livres que (lesquels) *j'avais* prêtés : j'avais prêté *les livres* (régime direct); on a rendu eux (régime direct), etc.

Observations.

D. Quand le régime direct ou indirect n'est placé qu'après le participe, y a-t-il accord entr'eux ?

R. Il n'y a jamais accord ; on dit : j'*ai* écrit *une lettre* ou *des lettres.*

Nous avons vu *des loups.*

Ces hommes ont bu *à leur soif.*

Ces femmes ont succédé *à ces hommes.*

Ecrit , acheté , vu , bu , succédé , ne changent point, quoique le *régime* soit masculin ou féminin , singulier ou pluriel , parce que ce régime est après le participe.

(*Voyez le reste de ce qui concerne les participes , 2.ᵉ partie.*)

CHARITRE VII.

SEPTIÈME ESPÈCE DE MOTS.

LA PRÉPOSITION.

D. Qu'est-ce que la préposition ?

R. La *préposition* est un mot qui marque les rapports que les personnes ou les choses ont entre elles, et qui a besoin d'un régime pour avoir un sens complet. Par exemple, quand je dis : *le fruit* de *l'arbre ; de* marque le rapport qu'il y a entre *fruit* et *arbre*. Quand je dis : *utile* à *l'homme ; à* fait rapporter le nom *homme* à l'adjectif *utile*. Quand je dis : *j'ai reçu* de *mon père ; de* sert à marquer le rapport qu'il y a entre *père* et *moi*, etc. *De* et *à* sont des prépositions, et le mot qui suit s'appelle le régime de la préposition.

D. Pourquoi appelle-t-on cette espèce de mots préposition ?

R. On appelle cette espèce de mots préposition, parce qu'elle se met devant le nom qu'elle régit.

Prépositions françaises.

Pour marquer la place ou *le lieu.*

D. Quelles sont les prépositions qui marquent *la place* ou *le lieu?*

R. Les voici :

A. Attacher *à* la muraille, (régime de la préposition); vivre *à* Paris, (régime de la préposition); aller *à* Rome (régime de la prép.).

Dans. Être *dans* la maison ; serrer *dans* une cassette.

En. Être *en* Italie ; voyager *en* Allemagne.

De. Sortir *de* la ville ; venir *de* la province.

Chez. Être *chez* un ami ; ce livre est *chez* le libraire.

Devant. Le berger marche *devant* le troupeau ; allez *devant* moi.

Après. J'irai *après* vous ; courir *après* quelqu'un.

Derrière. Les laquais vont *derrière* leur maître ; se cacher *derrière* un mur.

Parmi. Cet officier fut trouvé *parmi* les morts.

Sur. Avoir son chapeau *sur* la tête ; mettre un flambeau *sur* la table.

Sous. Mettre un tapis *sous* les pieds ; tout ce qui est *sous* le ciel.

Vers. Des yeux levés *vers* le ciel ; l'aimant se tourne *vers* le Nord.

Pour marquer l'ordre.

D. Quelles sont les prépositions qui marquent *l'ordre ?*

R. Les voici :

Avant. La nouvelle est arrivée *avant* le courrier.

Entre. Tenir un enfant *entre* ses bras ; *entre* Pâques et Pentecôte.

Dès. Cette rivière est navigable *dès* sa source ; *dès* sa plus tendre enfance.

Depuis. Depuis Paris jusqu'à Orléans ; *depuis* la création jusqu'au déluge.

Pour marquer l'union.

D. Quelles sont les prépositions qui marquent *l'union ?*

R. Les voici :

Avec. Manger *avec* ses amis ; il est parti *avec* lui.

Pendant. Pendant la guerre.

Durant. Durant la guerre.

Outre. Compagnie de cent hommes, *outre* les officiers.

Selon. Se conduire *selon* la raison.

Suivant. Suivant l'évangile.

Pour marquer la séparation.

D. Quelles sont les prépositions qui marquent la *séparation?*

R. Les voici :

Sans. Les soldats *sans* leurs officiers.

Hors. Tout est perdu, *hors* l'honneur.

Excepté. Tout est perdu, *excepté* l'honneur.

Pour marquer opposition.

D. Quelles sont les prépositions qui marquent *l'opposition?*

R. Les voici :

Contre. Sujets révoltés *contre* le prince : lutter *contre* la mauvaise fortune.

Malgré. Il est parti *malgré* moi.

Nonobstant. Il a fait cela *nonobstant* mes représentations.

Pour marquer le but.

D. Quelles sont les prépositions qui marquent le *but?*

R. Les voici :

Envers. Charitable *envers* les pauvres : son respect *envers* ses supérieurs.

Touchant. Il m'a écrit *touchant* cette affaire.

Pour. Travailler *pour* le bien public; étudier *pour* son instruction.

Pour marquer la cause, le moyen.

D. Quelles sont les prépositions qui marquent *la cause, le moyen?*

R. Les voici :

Par. Fléchir *par* ses prières ; tout a été créé *par* la parole de Dieu.

Moyennant. J'espère *moyennant* la grâce de Dieu.

Attendu. Le Courrier n'a pu partir, *attendu* le mauvais tems.

Vu, préposition qui a presque le même sens qu'*attendu*. Exemple : *le contrat est valable,*

vu
attendu } *le consentement de toutes les parties.*

La préposition *vu* est d'un usage pour ainsi dire consacré dans les actes administratifs. *Vu* la pétition de.... *Vu* la loi du.... *Vu* la charte constitutionnelle, etc.

CHAPITRE VIII.

HUITIÈME ESPÈCE DE MOTS.

L'ADVERBE.

D. Qu'est-ce que l'adverbe?

R. L'*adverbe* est un mot qui se joint ordinairement au verbe et quelquefois à l'adjectif, ou à un autre adverbe pour en déterminer encore mieux la signification. Quand je dis : *Cet enfant parle distinctement*, par ce mot *distinctement*, je fais entendre non seulement que l'enfant parle, mais qu'il parle d'une manière *claire*, *nette*.

D.   Combien y a-t-il de sortes d'adverbes?

R.   Il y en a de huit sortes, savoir : *de manière*, *d'ordre*, *de lieu*, *de tems*, *de quantité*, *de comparaison*, *d'affirmation et de négation*.

D.   Quels sont les adverbes qui marquent *la manière* ?

R.   Ce sont ceux qui sont presque toujours terminés en *ment*, et qui se forment des adjectifs, comme *sagement*, de *sage*, *poliment*, de *poli*, *agréablement*, d'*agréable*, *modestement*, de *modeste*.

D.   N'y a-t-il pas des adverbes qui prennent, pour se former, l'adjectif *masculin*, et d'autres l'adjectif *féminin* ?

R.   Il y en a qui se forment de l'adjectif *masculin*, comme *poli*, *poliment*, *vrai*, *vraiment*; etc. Il y en a d'autres qui se forment de l'adjectif *féminin*, comme *sainte*, *sainte-*

ment ; grande, grandement ; pareille, pa-
reillement ; lente, lentement ; douce,
doucement ; heureuse, heureusement, etc.

D. N'y a-t-il pas encore des exceptions?

R. Oui, *méchant*, fait *méchamment*,
prudent, *prudemment* ; *commode*, *commodément* ; *obligeant*, *obligeamment* : l'usage
apprendra les autres.

D. Quels sont les adverbes qui marquent
l'ordre ?

R. Ce sont : *premièrement*, *seconde-
ment*, *d'abord*, *ensuite*, *auparavant*, etc.
Exemple : d'abord *il faut éviter le mal*,
ensuite *il faut faire le bien*.

D. Quels sont les adverbes de *lieu* ?

R. Les adverbes de lieu sont *où*, *ici*, *là*,
deça, *au-delà*, *dessus*, *dessous*, *partout*,
auprès, *loin*, *dedans*, *dehors*, *ailleurs*.
Exemple ; Où *étes-vous* ? *je suis ici*, *je
vais là*.

D. Quels sont les adverbes de *tems* ?

R. Les adverbes de *tems* sont *hier*, *autrefois*, *aujourd'hui*, *demain*, *bientôt*, *souvent*,
toujours, *jamais*, etc.
Cet enfant joue toujours et ne s'applique jamais.

D. Quels sont les adverbes de *quantité* ?

R. Les adverbes de *quantité* sont *peu*,

beaucoup, assez, trop, tant. Il parle beaucoup *et réfléchit* peu.

D. Quels sont les adverbes de *comparaison?*

R. Les adverbes de *comparaison* sont *plus,
moins, aussi, autant,* etc. Comme, plus
sage, moins *sage,* aussi *sage que vous.*

D. Quels sont les adverbes d'*affirmation?*

R. Les adverbes *d'affirmation* sont *oui,
certes, volontiers.*

D. Quels sont les adverbes de *négation?*

R. Les adverbes de *négation* sont : *non,
ne, pas, point.*

D. Y a-t-il quelques remarques à faire
sur les adverbes?

R. Il y en a trois.

Première remarque. Certains adjectifs sont
quelquefois employés comme adverbes : on
dit *chanter haut, parler bas, voir clair,* etc.;
ces mots *haut, bas clair,* etc. sont des
adjectifs qui doivent être rangés ici, dans la
catégorie des adverbes.

2.º *remarque.* On appelle *adverbes* certains mots qui, étant joints ensemble, ont
la même force que des adverbes, comme
*à contre-tems, à peine, mal-à-propos,
tout-à-coup, tout-à-fait, pêle-mêle, peu-
à-peu, au fur et à mesure, tout de suite.*

tout incontinent, *un jour*, *c'est-à-dire*, etc.

3.ᵉ *remarque.* On appelle aussi *adverbe* l'infinitif *savoir*, quand il est employé ainsi : *Ils y viendront*, savoir : *Il sera procédé à la vente en détail ainsi qu'il suit*, savoir :

D. Quand on trouve un mot dont on n'est pas certain s'il est adverbe ou préposition, que faut-il faire ?

R. Il faut essayer de mettre un *régime* après : si on en peut mettre *un*, ce mot sera préposition ; si on n'en peut point mettre, il sera presque toujours adverbe.

CHAPITRE IX.
NEUVIÈME ESPÈCE DE MOTS.

LA CONJONCTION.

D. Qu'est-ce que la conjonction ?

R. La *conjonction* est un mot qui sert à joindre un mot à un autre mot, ou une phrase à une autre phrase ; par exemple, quand on dit : *l'homme* et la *femme*, *il pleure et il rit en même tems*, ce mot *et* lie le premier mot, *l'homme*, avec le second, la *femme*; il lie aussi *il pleure* avec *il rit.*

D. Y a-t-il différentes sortes de conjonctions?

R. Oui.

1.° Pour marquer la liaison : *et*, *ni*, *aussi*, *que*.

2.° Pour marquer division : *ou*, *ou bien*, *soit*.

3.° Pour marquer opposition : *mais*, *cependant*, *néanmoins*, *pourtant*.

4.° Pour marquer exception : *sinon*, *quoique*.

5.° Pour comparer : *comme*, *de même que*, *ainsi que*.

6.° Pour ajouter : *de plus*, *d'ailleurs*, *outre que*, *encore*.

7.° Pour rendre raison : *car*, *parce que*, *puisque*, *que*.

8.° Pour marquer l'intention : *afin que*, *de peur que*, *de crainte que*.

9.° Pour conclure : *or*, *donc*, *ainsi*, *de sorte que*.

10.° Pour marquer le tems : *quand*, *lorsque*, *comme*, *dès que*, *tandis que*.

11.° Pour marquer le doute : *si*, *supposé que*, *pourvu que*, *en cas que*.

D. Comment divise-t-on les conjonctions?

R. On les divise en *simples* et en *composées*.

Les simples sont celles qui ne sont que d'un mot, et *les composées* sont celles qui sont de plusieurs, comme, *ainsi que*, *de sorte que*, etc.

D. N'y a-t-il pas des conjonctions qui sont quelquefois adverbes?

R. Oui, comme *cependant*, *quand*, *que*.

D. Y a-t-il encore d'autres conjonctions?

R. Il y en a encore beaucoup d'autres; l'usage les fera connaître.

D. Comment distingue-t-on la conjonction *que* du *que* relatif.

R. On la distingue en ce qu'elle ne peut pas se tourner par *lequel*, *laquelle*.

RÉGIME DES CONJONCTIONS.

D. Qu'appelle-t-on *régime des conjonctions?*

R. On appelle *régime des conjonctions*, le verbe qu'elles demandent après elles pour former un sens.

D. A quel mode met-on ce verbe?

R. Les unes le veulent au subjonctif, d'autres à l'indicatif et d'autres à l'infinitif.

D. Quelles sont les conjonctions qui régissent le subjonctif?

R. *Soit que*, *sans que*, *si ce n'est que*,

quoique, jusqu'à ce que, encore que, à moins que, pourvu que, supposé que, afin que, de peur que, de crainte que, et en général quand on marque quelque doute ou quelque souhait, comme : *je souhaite*, *je doute que cet enfant soit jamais savant*. Ici *que* est conjonction et non pas relatif, parce qu'on ne peut pas dire : *Je doute* lequel *enfant*, etc.

D. Le mot *que* est-il quelquefois adverbe?

R. Il est adverbe quand il peut se tourner par *combien ? pourquoi ? seulement*. Exemple : que *devez-vous ?* que vous *a coûté ce chien ?* que *ne veniez-vous ?* C'est-à dire, combien *devez-vous ?* combien *vous a coûté ce chien ?* pourquoi *ne veniez-vous pas?*

Je crois que Dieu *ne punit que les méchans*. Dans cette phrase le premier *que* est conjonction, le second est adverbe.

C'est comme si l'on disait : *Je crois que* Dieu *punit* seulement *les méchans*. (Le second *que* est la conséquence de la négation *ne*, et la réunion de ces deux mots dans la même phrase est *une expression adverbiale*).

CHAPITRE X.

DIXIÈME ESPÈCE DE MOTS.

L'INTERJECTION.

D. Qu'est-ce que l'interjection?

R. *L'interjection* est un mot dont on se sert pour exprimer un sentiment, un mouvement subit, involontaire de l'ame; comme la joie, la douleur, etc.

D. Indiquez-moi quelques interjections?

R. 1.º Pour marquer la joie : *ah! bon! ho!*

2.º Pour marquer la douleur : *aïe! ah! hélas! ouf!*

3.º Pour marquer la crainte : *ha! hé! hom!*

4.º Pour marquer l'aversion : *fi! fi donc!*

5.º Pour marquer l'indignation : *o! ho! ha!*

6.º Pour marquer l'admiration : *oh! bravo!*

7.º Pour encourager : *ça, allons, courage.*

8.º Pour appeler : *holà! hé!*

9.º Pour faire taire : *chut! paix! st!*

10.º Pour avertir : *holà! hem! gare!*

11.º Pour menacer : *Gare!*

12.º Pour arrêter : *halte! halte-là! tout beau!*

L'usage et le dictionnaire apprendront les autres interjections.

CHAPITRE XI.

DE LA PHRASE *OU* PROPOSITION.

D. Qu'est-ce qu'une *phrase* ou *proposition* ?

R. C'est la réunion de plusieurs mots qui forment un sens.

D. Combien faut-il de mots pour faire une phrase ?

R. Il en faut au moins deux, le nominatif et le verbe; comme, *je chante*, *vous lisez*, *l'homme meurt*. Souvent le verbe a un régime, comme *je chante un air*, *vous lisez un livre*.

DE L'ORTHOGRAPHE.

ART. 1.

D. Qu'est-ce que l'orthographe?

R. *L'orthographe* est la manière d'écrire correctement tous les mots d'une langue.

ORTHOGRAPHE DES NOMS.

D. La première lettre des noms propres, des noms de dignité, ne doit-elle pas être plus grande que les autres lettres de ces noms?

R.   Oui, et on appelle cette lettre, *lettre capitale* ou *majuscule ;* comme, *Dieu, Pierre, Paris, Moselle, Roi,* etc. (1)

D.   Lorsque les noms ne finissent point par *s* au singulier, n'en prennent-ils pas une au pluriel ?

R.   Oui.   Un *jardin charmant,* des *jardins charmants.* (Cependant il y en a qui prennent *x. Voyez chapitre* 1.er, *page* 8. (2)

D.   Tous les noms formés de *verbes,* d'*adverbes,* de *prépositions,* et de *conjonctions,* etc. , ou ceux qui sont employés comme en latin, prennent-ils la marque du pluriel ?

R.   Ils ne la prennent jamais.

Exemples.

Un *quiproquo,* des *quiproquo ;* un *pater,* des *pater ,* un *si,* un *car,* un *non,* un *mais,* un *quoi,* etc ; des *si ,* des *car ,* des *non,* des *mais,* des *quoi.*

D.   Est-ce une faute d'écrire sans *h* les mots qui commencent par cette lettre ?

R.   Oui : on doit écrire, *homme, hommée, honneur, honorer,* et non pas *omme, ommée, onneur, onorer.*

(1) La première lettre de chaque phrase doit toujours être capitale.

(2) Les noms propres ne prennent point d'*s* au pluriel, sinon lorsqu'ils ont la signification des noms communs.

ORTHOGRAPHE DES VERBES.

PRÉSENT DE L'INDICATIF.

ART. 2.

D. Que faut-il remarquer sur le *présent de l'indicatif ?*

R. 1.° Il faut remarquer que si la première personne finit par *e*, j'*aime*, je *mange*, etc., on ajoute *s* à la seconde ; la troisième est semblable à la première. Exemple : j'*aime*, tu *aimes*, il *aime*.

2.° Il faut remarquer que si la première personne finit par *s* ou *x*, la seconde est semblable à la première ; la troisième finit ordinairement en *t* : je *finis*, tu *finis*, il *finit* ; je *veux*, tu *veux*, il *veut* ; je *vaux*, tu *vaux*, il *vaut*. Dans presque tous les verbes en *dre*, la troisième personne se termine en *d* : je *vends*, tu *vends*, il *vend* ; je *rends*, tu *rends*, il *rend*, etc. Dans ceux en *cre*, la troisième personne finit en *c* : je *vaincs*, tu *vaincs*, il *vainc*.

Et dans ceux en *indre* ou en *soudre*, elle finit en *t* : je *peins*, tu *peins*, il *peint* ; je *crains*, tu *crains*, il *craint* ; je *résous*, tu *résous*, il *résout* ; j'*absous*, tu *absous*, il *absout*.

3.º Il faut aussi remarquer que le pluriel dans toutes les conjugaisons, se termine toujours par *ons*, *ez*, *ent* : nous *aimons*, vous *aimez*, ils *aiment*; nous *finissons*, vous *finissez*, ils *finissent*. (1)

IMPARFAIT DE L'INDICATIF.

D. Comment se termine l'*imparfait de l'indicatif*?

Il se termine toujours en *ait*, *ais*, *ait*, *ions*, *iez*, *iez*, *aient*.

J'*aimais*, tu *aimais*, il *aimait*, nous *aimions*, vous *aimiez*, ils *aimaient*; je *rendais*, tu *rendais*, il *rendait*, nous *rendions*, vous *rendiez*, ils *rendaient*.

PRÉTÉRIT DE L'INDICATIF.

D. Combien le *prétérit défini* a-t-il de terminaisons ?

R. Il en a quatre : *ai*, *is*, *us*, *ins*, de cette manière :

J'*aimai*, tu *aimas*, il *aima*, nous *aimâmes*, vous *aimâtes*, ils *aimèrent*.

(1) Les verbes *être*, *faire* et *dire*, prennent une *s* à la seconde personne plurielle : vous *êtes*, vous *dites*, vous *faites*; il en est de même de la plûpart des composés de ces deux derniers. On dit : vous *refaites*, vous *redites*, etc. (Voyez page 65).

Je *finis*, tu *finis*, il *finit*, nous *finîmes*, vous *finîtes*; ils *finirent.*

Je *reçus*, tu *reçus*, il *reçut*, nous *reçûmes*, vous *reçûtes*, ils *reçurent.*

Je *devins*, tu *devins*, il *devint*, nous *devînmes*, vous *devîntes*, ils *devinrent.* (1)

FUTUR DE L'INDICATIF.

D. Comment se termine le *futur de l'indicatif?*

R. Il se termine toùjours ainsi : *rai, ras, ra, rons, rez, ront.*

J'*aimerai*, tu *aimeras*, il *aimera*, nous *aimerons*, vous *aimerez*, ils *aimeront.*

Je *finirai*, tu *finiras*, il *finira*, nous *finirons*, vous *finirez*, ils *finiront.*

Je *recevrai*, tu *recevras*, il *recevra*, nous *recevrons*, vous *recevrez*, ils *recevront.* (2)

CONDITIONNEL PRÉSENT.

D. Comment se termine le *conditionnel présent?*

(1) On met un accent circonflexe sur la première personne plurielle, et encore un sur la seconde; mais la troisième n'en veut point.

(2) Il ne faut pas écrire je *finierai*, je *receverai*, je *renderai.* On ne met un e muet devant *rai* qu'à la première conjugaison.

R. Il se termine toujours ainsi : *rais*, *rais*, *rait*, *rions*, *riez*, *raient*.

J'*aimerais*, tu *aimerais*, il *aimerait*, nous *aimerions*, vous *aimeriez*, ils *aimeraient*.

PRÉSENT DU SUBJONCTIF.

D. Comment se termine le *présent du subjonctif?*

R. Il se termine toujours ainsi : *e*, *es*, *e*, *ions*, *iez*, *ent*.

Que j'*aime*, que tu *aimes*, qu'il *aime*, que nous *aimions*, que vous *aimiez*, qu'ils *aiment*.

IMPARFAIT DU SUBJONCTIF.

D. Combien l'*imparfait du subjonctif* a-t-il de terminaisons ?

R. Il en a quatre : *asse*, *isse*, *usse*, *insse*, de cette manière :

Que j'*aimasse*, que tu *aimasses*, qu'il *aimât*, que nous *aimassions*, que vous *aimassiez*, qu'ils *aimassent*.

Que je *finisse*, que tu *finisses*, qu'il *finît*, que nous *finissions*, que vous *finissiez*, qu'ils *finissent*.

Que je *reçusse*, que tu *reçusses*, qu'il *reçût*, que nous *reçussions*, que vous *reçussiez*, qu'ils *reçussent*.

Que je *devinsse*, que tu *devinsses*, qu'il *devînt*, que nous *devinssions*, que vous *devinssiez*, qu'ils *devinssent*.

R*EMARQUES* sur *l'orthographe des verbes* dont l'infinitif est terminé en *eler*, *eter*, *ger*, *enir*, *dre*, *ier*, *yer* et *ir*.

A*RT*. 3.

D. Les verbes terminés à l'infinitif en *eler*, *eter*, comme *appeler*, *jeter*, prennent-ils quelquefois deux *l* ou deux *t* ?

R. Ils en prennent deux chaque fois que les lettres *l*, *t*, sont devant un *e* muet ; partout ailleurs il n'en faut qu'une : je *chancelle*, j'*appelle*, je *ficelle* ; nous *chancelons*, nous *appelons*, nous *ficelons* ; je *jette*, je *projette* ; nous *jetons*, nous *projetons* ; *appelé*, *appelée* ; *jeté*, *jetée*.

D. Que faut-il remarquer sur les verbes dont l'infinitif se termine en *ger* ?

R. Il faut remarquer que le *g* doit être suivi d'un *e* muet devant *a*, *o*, comme : je *mangeai*, tu *mangeas*, il *mangea*, nous *mangeâmes*, vous *mangeâtes*, ils *mangèrent*.

Je *gageai*, tu *gageas*, il *gagea*, nous *gageâmes*, vous *gageâtes*, ils *gagèrent*. *Gageons*, *jugeons* ; *gageant*, *jugeant*.

D. Que faut-il remarquer sur les verbes en *enir*, comme *tenir*, *venir* etc.; en *dre*, comme *prendre?*

R. Il faut remarquer que ces verbes veulent deux *n*, où l'*n* est suivie d'un *e* muet; comme, nous *tenons*, ils *tiennent*; nous *venons*, ils *viennent*; nous *prenons*, ils *prennent*. Il en est de même de leurs composés.

D. Que faut-il remarquer sur les verbes terminés en *ier?*

R. Il faut remarquer que ces verbes prennent deux *i* à la première et à la seconde personnes plurielles de l'imparfait de l'indicatif et du présent du subjonctif: Nous *étudiions*, nous *liions* : que nous *étudiions*, que nous *liions*; que vous *étudiiez*, que vous *liiez*, etc.

D. Que faut-il remarquer sur les verbes dont l'infinitif est terminé en *yer*, et sur tous ceux qui ont le participe en *yant?*

R. Il faut remarquer que ces verbes prennent un *y* et un *i* à la première et à la seconde personnes plurielles de l'imparfait de l'indicatif et du présent du subjonctif: nous *employions*, nous *voyions*, nous *croyions*, nous *essayions*; que nous *employions*, vous *employiez*, vous *voyiez*, vous *croyiez*, vous *essuyiez*. Il faut encore remarquer qu'on se sert de l'*i*, au lieu de l'*y*, devant un *e* muet, où l'on n'entend que le son de l'*i* simple. Exemple : J'*emploie*, tu *essaies* ; ils *emploient*, ils *essaient*; que je *voie*, que je *croie*.

D. Que faut-il remarquer sur le verbe *fleurir* ?

R. Il faut remarquer qu'en parlant au figuré, on dit au participe : *florissant*, et à l'imparfait *florissait*. Exemples : *Le royaume fut* florissant ; *les sciences florissaient en France*.

Remarques sur l'orthographe des adjectifs, pronoms, adverbes, et autres mots.

Art. 4.

D. Que faut-il remarquer sur l'adjectif *feu* ?

R. Il faut remarquer que cet adjectif est invariable quand il est placé devant un article ou adjectif possessif. Exemples : *feu* la mère, *feu* ma mère; mais qu'il est variable quand il est après l'article ou après l'adjectif possessif. Exemple : la *feue* reine, ma *feue* mère.

D. Le nom *mur* et la préposition *sur*, s'écrivent-ils comme les adjectifs *mûr*, *mûre, sur, sûre ?*

R. Le nom *mur* et la préposition *sur* ne prennent pas l'accent circonflexe; mais les adjectifs *mûr* et *sûr* le prennent.

Exemples.

Mon mur *tombe.*	*Il est* sur *un trône.*
Un raisin mûr.	*Un homme* sûr.
Une poire mûre.	*Une femme* sûre.

(NOTA. — *Sur*, *sure*, adjectif signifiant *aigret*, ne veut pas l'accent. *Un raisin* sur, *une pomme* sure).

D. Faut-il se servir des adjectifs possessifs *son*, *sa*, *ses*, *leur* ou *leurs*, mis pour un nom de chose, si ce nom n'est pas exprimé dans la même phrase?

R. Non. Ne dites pas : *Paris est beau, j'admire ses bâtimens;* mais dites : *j'en admire les bâtimens.* Ici *en* est pronom; il est régime indirect, parce qu'il est mis pour *de lui Paris.*

D. Quand est-ce qu'on emploie *son*, *sa*, *ses*, *leur* ou *leurs* ?

R. On emploie bien *son*, *sa*, *ses*, *leur*, *leurs* pour un nom de chose, quand ce nom est exprimé dans la même phrase. Ainsi, on dit : *la Seine a sa source en Bourgogne.*

D. Mais si le nom de chose est régi par

une préposition, faudra-t-il se servir de l'adjectif *son*, *sa*, *ses*, etc.?

R. Oui : Comme, *Paris est beau ; j'admire la grandeur de* ses *bâtimens. Ces femmes sont jolies ; j'admire la beauté de* leurs *cheveux.*

D. Quand est-ce que l'adjectif possessif *leur* prend une *s* ?

R. Il prend une *s* quand il est suivi d'un nom pluriel. Exemples : *Un père aime ses enfans, mais il n'aime pas* leurs *défauts. Voilà* leurs *chevaux,* leurs *maisons.* Mais il n'en prend point quand il est suivi d'un nom singulier : *voilà* leur *cheval,* leur *maison* etc.

D. Le pronom *leur*, joint à un verbe, varie-t-il ?

R. Il ne varie jamais. *Ces enfans ont été sages ; je* leur *donnerai un prix.*

D. Comment écrit-on *notre*, *votre* ?

R. On écrit notre, votre, sans accent circonflexe, quand ces mots sont devant un nom : Notre *livre,* votre *cheval ;* mais on les écrit avec l'accent circonflexe quand ils sont précédés d'un article : *Mon livre ne vaut pas le vôtre. Votre maison est plus belle que la nôtre.*

D. *Tout* mis pour *quoique*, *entièrement*, change-t-il de nombre devant un adjectif masculin pluriel?

R. Non. Exemple : *les enfans* tout *bons*, tout *aimables qu'ils sont, ne laissent pas d'avoir bien des défauts.*

D. *Tout* change-t-il de genre et de nombre devant un adjectif féminin pluriel qui commence par une voyelle ou par une h muette?

R. Non. Il faut dire : *Ces images,* tout *amusantes qu'elles sont, ne me plaisent pas. Ces femmes,* tout *honnêtes qu'elles sont, ne me conviennent pas.*

D. Si l'adjectif est au singulier, ou bien, si étant au pluriel il commence par une consonne ou une *h* aspirée, comment devra-t-on écrire *tout*?

R. On devra écrire *toute*, *toutes*. Exemples : *Cette image,* toute *plaisante qu'elle est, ne me plaît pas. Ces images,* toutes *belles qu'elles sont, ne me plaisent pas. Ces chèvres,* toutes *hardies qu'elles sont, ont encore peur des chiens.*

D. Quand *tout* signifie *absolument*, *tout-à-fait*, est-il invariable?

R. Oui. Exemples : *Ils sont* tout *interdits; elles demeurèrent* tout *interdites.*

D. Si je dis : *ils sont* tous *interdits*, *elles sont* toutes *interdites*, qu'entendra-t-on?

R. Dans ces phrases les mots *interdits*, *interdites*, ont un autre sens ; on entendra qu'il n'y en a aucun ni aucune qui ne soit compris dans l'interdiction. Par exemple : *vos frères avaient une bonne place, ils l'ont mal remplie.* M.ʳ N. *les a tous interdits jusqu'à nouvel ordre.* (1)

D. Comment s'emploie *quelque .... que*?

R. Il s'emploie de trois manières : 1.° s'il y a un adjectif entre *quelque* et *que*, alors *quelque* reste toujours invariable. Exemple : *les rois,* quelque *puissants* qu'ils soient, ne doivent pas oublier qu'ils sont *hommes.*

2.° S'il y a un nom entre *quelque* et *que*, alors *quelque* doit être au même nombre que le nom. Exemples : Quelques *richesses* que *vous ayiez, vous ne devez pas vous enorgueillir.* Quelques *maux* que *vous ayiez soufferts, pensez qu'il est des hommes plus à plaindre que vous.*

(1) Il est très-essentiel de répéter souvent aux enfans les demandes ci-dessus et celles qui vont suivre ; il convient même de leur donner de nombreuses phrases dans lesquelles on variera les exemples pour les leur rendre familiers.

3.° Si le nom n'est placé qu'après le *que* et le verbe, ou si le verbe n'est placé qu'après le *que* et le nom, il faut écrire, en deux mots séparés, *quel* ou *quelle que* ; *quels* ou *quelles que*. Exemples : Quel que *soit votre bien*, quelle que *soit votre fortune*, quels que *soient vos domestiques*, quelles que *soient vos richesses*, *vous ne devez pas vous enorgueillir*. *Votre pouvoir*, quel *qu'il* soit ; *votre richesse*, quelle *qu'elle* soit ; *vos pouvoirs*, quels *qu'ils* soient ; *vos richesses*, quelles *qu'elles* soient, *ne vous donnent pas le droit de mépriser les autres*.

D. Si *quelque* est suivi d'un adjectif, et si cet adjectif est suivi d'un nom pluriel, prendra-t-il une *s* ?

R. Oui. Quelques *bons habitans*, quelques *bonnes personnes ont nourri cet orphelin*.

D. Que remarquez-vous sur le mot *même* ?

R. *Même*, adjectif, prend une *s* au pluriel. Exemples : *les mêmes hommes, les femmes mêmes*. *Même*, adverbe, signifiant *aussi*, ne prend point l'*s*. Exemples : *les hommes ont été réduits en captivité*, même *les femmes*. *Les hommes ont été cruellement traités par le vainqueur, les femmes* même *n'ont pas été épargnées,* (c'est-à-dire, *les femmes* aussi).

D. Quand est-ce que *la* prend un accent grave, et quand est-ce qu'il n'en prend point?

R. *Là,* employé comme adverbe de lieu, prend un accent grave : *allez-là ;* mais il n'en prend point, étant article : la *lumière* de la *chandelle ;* ni quand il est pronom féminin : *je* la *respecte.*

D. Comment écrit-on *où* adverbe et *ou* conjonction?

R. On met un accent grave sur *où* adverbe : *où allez-vous ? j'irai où vous voudrez ;* mais on n'en met point sur *ou* conjonction : *C'est vous ou moi.*

D. Est-il difficile de reconnaître *à* préposition d'avec *a* troisième personne du verbe *avoir ?*

R. La préposition prend un accent grave : *aller* à *Moutrot ; il est* à *Allain ;* mais *a,* troisième personne du présent de l'indicatif du verbe *avoir,* n'en prend point : *il* a *de l'esprit.*

D. Pourquoi met-on un accent circonflexe sur *dû,* participe masculin du verbe *devoir ?*

R. C'est pour le distinguer de l'article composé *du,* employé pour *de le.*

Nòtà. — Le participe féminin *due* ne prend pas l'accent, non plus que le pluriel masculin *dus*.

DE L'APOSTROPHE.

Art. 5.

D. Qu'est-ce que l'*Apostrophe?*

R. L'apostrophe est une petite figure (') dont on se sert pour marquer le retranchement d'une de ces trois lettres *a, e, i*. (1)

D. Quand est-on obligé de retrancher *a, e, i?*

R. On est obligé de les retrancher dans les mots *le, la, je, me, te, se, de, ne, que, ce, quelque, entre, jusque,* lorsque ces mots sont suivis d'une voyelle ou d'une *h* muette, et dans *si* lorsque le mot suivant commence par un *i*.

Exemples : L'*homme*, l'*histoire*, j'*aime*, il l'*aime*, il s'*aime*, d'*abondance*, n'*en*, qu'*en* dit-on? C'*est-lui*, quelqu'*un*, entr'*elle*, jusqu'*à*, s'*il arrive*. Pour le *homme*, la *histoire*, etc.

(1) L'apostrophe est aussi une figure de rhétorique par laquelle on adresse la parole à des êtres ou à des objets présens ou absens. Exemples : *Écoliers*, soyez studieux. *Pères et mères*, ayez soin de l'éducation de vos enfans. *O Cieux !* protégez l'innocence, etc.

DU TRAIT D'UNION.

ART. 6.

D. Qu'est-ce qu'un *trait d'union* ?

R. C'est un petit trait qui se met entre les verbes, et *je, me, moi, toi, tu, nous, vous, il, elle, ils, elles, le, la, les, lui, leur, y, en, ce, on,* quand ces mots sont placés après le verbe.

Exemples : *Irai-je, viens-tu, donnez-lui, achèvera-t-il, donnez-m'en, va-t-en, prenez-la, est-ce....?* *donnez-la-lui, rends-le-lui,* etc.

D. A quoi sert encore le trait d'union?

R. Le trait d'union sert encore à joindre un ou plusieurs mots ensemble pour n'en faire plus qu'un : *chef-d'œuvre, vis-à-vis, Allain-aux-Bœufs, Blénod-aux-Oignons.*

D. Où le met-on encore?

R. On le met encore devant ou après *ci* et *là : celui-ci, celui-là, ci-contre, cet homme-là, là-haut, ci-dessus ;* après *très* pour le lier à l'adjectif ou à l'adverbe : *très-bon, très-honnêtement ;* après *moi, toi, soi, lui, elle, nous, vous, eux, elles* joints à *même : moi-même, toi-même, soi-même, lui-même, elle-même, nous-mêmes, vous-*

mêmes, eux-mêmes, elles-mêmes; entre deux adjectifs numéraux : *dix-sept*, *vingt-un*, *quatre-vingt-dix-huit*. (Cependant ce serait une faute de mettre un trait d'union quand il y a la conjonction *et* entre les deux adjectifs; il faut écrire : *vingt et un*, *trente et un*, etc.)

DU TRÉMA.

Art. 7.

D. Qu'appelle-t-on *tréma*?

R. On appelle *tréma* deux points placés sur les voyelles *ë*, *ï*, *ü*, quand ces lettres doivent être prononcées séparément de la voyelle qui précède, comme *naïf*, *Saül*, *ambiguë*, *aiguë*, il *arguë*, *béguë*, *besaiguë*, *ciguë*, *contiguë*, *exiguë*; autrement on pourrait prononcer *nef*, *sol*, *ambigue*, *aigue*, il *argue*, comme dans la dernière syllabe de *fatigue*.

DE LA CÉDILLE.

Art. 8.

D. Qu'est-ce qu'on appelle *cédille*?

R. On appelle *cédille* une petite figure qu'on met sous le *ç* devant *a*, *o*, *u* pour avertir qu'il doit avoir le son de *s*, comme dans *leçon*, *façon*, *façade*, *reçu*, etc.

DE LA PARENTHÈSE ET DES GUILLEMETS.

Art. 9.

D.   Qu'est-ce qu'on appelle *parenthèse*?

R.   On appelle *parenthèse* deux crochets dans lesquels on renferme quelques mots détachés. Exemple : *Celui qui évite d'apprendre* (dit le sage) *tombera dans le mal.*

D.   Qu'appelle-t-on *guillemets* ?

R.   On appelle ainsi deux virgules placées à côté l'une de l'autre.

D.   Quand faut-il s'en servir?

R.   Il faut s'en servir quand on veut rapporter un discours ou un fragment de quelque chose que ce puisse être.

Exemple. On lit daus le testament de N. : « J'ordonne que la moitié de mon bien sera « donnée aux pauvres. »

DE LA PONCTUATION.

Art. 10.

D.   Qu'est-ce que la *ponctuation*?

R.   C'est l'art de placer les points et les virgules, etc.

D.   Combien y a-t-il de marques pour indiquer en écrivant les endroits du discours où l'on doit s'arrêter?

R. Il y en a six, savoir : la *virgule* (,), le *point-virgule* (;), les *deux points* (:), le *point* (.), le *point interrogatif* (?), et le *point admiratif* ou *exclamatif* (!).

D. Où met-on la virgule ?

R. On la met après les noms, les adjectifs, les verbes qui se suivent.

Exemples : *La candeur, la docilité, la simplicité*, sont les vertus de l'enfance.

La charité est douce, patiente, bienfaisante.

L'homme mange, boit, dort, travaille, meurt.

D. A quoi sert encore la virgule ?

R. La virgule sert encore à distinguer les différentes parties d'une phrase.

Exemple : *L'étude rend savant, et la réflexion rend sage.*

Quand je serai éveillé, j'irai, si vous voulez, vous chercher de l'eau.

D. Où met-on le point-virgule ?

R. On le met entre deux phrases, dont l'une dépend de l'autre.

Exemple : *La douceur est à la vérité une*

vertu; mais elle ne doit pas dégénérer en *faiblesse.*

D. Où met-on les deux points ?

R. On les met après une phrase finie, mais suivie d'une autre qui sert à l'étendre ou à l'éclaircir.

Exemple : *Il ne faut jamais se moquer des misérables : car qui peut s'assurer d'être toujours heureux ?*

D. Où met-on le point ?

R. On le met à la fin des phrases, quand le sens est entièrement fini.

Exemple : *Le mensonge est le plus bas de tous les vices.*

D. Où met-on le point interrogatif ?

R. On le met à la fin des phrases qui expriment une interrogation.

Exemples : *Où allez-vous ? que demandez-vous ? Comment vous appelez-vous ? Quoi de plus beau que la vertu ?*

D. Où met-on le point admiratif ou exclamatif ?

R. On le met après les phrases qui expriment l'admiration et l'exclamation, et après la plupart des interjections.

Exemples : *Qu'il est doux de servir le Seigneur !*

Qu'il est glorieux de mourir pour sa patrie !

Hélas ! quel malheur !

Aïe ! mon Dieu ! etc.

FIN DE LA PREMIÈRE PARTIE.

2.e PARTIE.
REMARQUES PARTICULIÈRES
SUR CHAQUE ESPÈCE DE MOTS.

DES LETTRES.

DU SUBSTANTIF MASCULIN *A.*
ARTICLE I.er

D. Qu'est-ce qu'un *a*?

R. C'est une voyelle, la première de l'Alphabet Français. Dans la prononciation on le fait long et grave. Un grand *A*, un petit *a*.

D. Quand un *a* est au commencement d'un mot, et qu'il est suivi d'un *o*, le prononce-t-on toujours?

R. On ne le prononce pas dans ces mots: *aoriste*, mot qui veut dire *prétérit défini*, *août*, *aoûteron*; mais on le prononce dans *aorte*, *aoûté*, *aoûtée* ?

D. Quand un *a* et un *o* sont à côté l'un de l'autre, au milieu d'un mot, lequel des deux faut-il prononcer?

R. Il faut ne prononcer que l'*a* dans les mots suivans : *paon*, *faon*, et il ne faut

prononcer que l'o dans *Saône*, *taon* etc.
Cependant on prononce les deux lettres *a* et *o*
dans *Raon-l'Etape*, nom de lieu, *Pharaon*,
nom d'homme.

DU *B* SUBSTANTIF MASCULIN.
Art. 2.

D. Qu'y a-t-il à remarquer sur la lettre *b* ?

R. Il y a à remarquer que cette lettre
se prononce à la fin des noms propres, et
qu'elle ne se prononce pas à la fin des noms
communs, excepté dans les substantifs masculins *radoub* (réparation d'un vaisseau en-
dommagé) et *rumb*.

DU *C* SUBSTANTIF MASCULIN.
Art. 3.

D. Comment prononce-t-on la lettre *c*
devant *a*, *o*, *u* ?

R. On la prononce comme *k* : *cabaret*,
colonel, *colonne*, *cuve* qu'on prononce *kabaret*,
kolonel, *kolonne*, *kuve*.

D. Comment se prononce-t elle devant *e*, *i* ?

R. Elle se prononce comme une *s* :
célibataire, *citoyen*, qu'on prononce
sélibataire, *sitoyen* ; on la prononce de la même
manière devant *a*, *o*, *u*, quand il y a une

cédille dessous, comme en ces mots : *leçon*, *façade*, *reçu*.

D. Quand on rencontre deux *c* dans un mot, comment doit-on les prononcer?

R. Quelquefois on n'en prononce *qu'un*, comme *occasion*, *occuper*, etc. ; quelquefois on prononce le premier comme *k*, *succès*, *accès*, *occident*, etc. et quelquefois on les prononce comme un *k*, *Bacchus*, *Bacchantes* etc.

D. Quand un mot finit par un *c*, doit-on le prononcer ?

R. On ne doit pas le prononcer dans les mots *accroc*, *arsenic*, *broc*, *cric*, *estomac*, *marc*, *porc*, *tabac* etc., mais on le prononce fortement dans *arc*, *armagnac*, *avec*, *bec*, *bac*, *basilic*, *bissac*, *caduc*, *choc*, *duc*, *échec*, *grec*, *havresac*, *jarnac*, *maroc*, *pic*, *roc*, *sac*, *sec*, *soc*, *trafic*, *trictrac*. (L'usage apprendra les autres).

D· Comment doit-on prononcer ces syllabes, *cha*, *che*, *chi*, *cho*, *chu*, dans les mots français ?

R. Comme dans ces mots *archevêque*, *archidiacre*, *architecte*, *archiduc*, *charité*, *charette*, *charrue*, *cheval*, *chicorée*, *choc*, *chûte*, *Michel*, etc.

D.   Prononce-t-on quelquefois *ch* comme *k*.

R.   Oui, comme en ces mots : *anachorète, archange, Cham, chaos, chirographie, chiromancie, chorus, écho, archiépiscopal, archiépiscopat.*

D.   Quand *ch* est suivi d'une consonne, comment faut-il le prononcer ?

R.   Il faut lui donner le son du *k* : *chrétien, chréme, christ.*

DU *D* SUBSTANTIF MASCULIN.
ART. 4.

D.   Faut-il prononcer le *d* à la fin des noms substantifs ?

R.   Non, car on dit : *ce brigand a fait cela ; elle s'est mis du fard au visage ; il fait chaud aujourd'hui, il faisait froid avant-hier ;* et non pas : *ce brigan ta fait cela ; elle s'est mis du far tau visage ; il fait chau taujourd'hui ; il faisait froi tavant-hier.* Cependant le *d* se prononce à la fin des noms propres, comme : *David, Jod, Sund, Galaad ;* il se prononce aussi à la fin du mot *sud.*

D.   Y a-t-il une exception ?

R   Oui, car on dit *fond-en-comble*, comme s'il y avait *font-en-comble* ; *pied-à-terre*, comme s'il y avait *piétaterre.*

D. Mais dans les adjectifs le *d'* se pro-nonce-t-il ?

R. Oui, ainsi , *grand homme* se pro-nonce comme *grant homme* , *profond abyme* comme *profont abyme.*

D. Si le mot qui suit ces adjectifs n'est pas leur substantif, faut-il faire sonner le *d* ?

R. Non ; on dit : *il est grand et beau, il est fécond et bon.*

D. Quand le mot *grande* est devant un nom , retranche-t-on quelquefois l'*e* ?

R. Oui , car on dit : *à grand'-peine, la plus grand'part, grand'peur, grand'pitié, grand'chère , grand'chambre, grand'salle , grand'messe , grand'maîtrise , grand'chose, grand'chasse ,grand'mère* , etc.

D. Mais si devant *grande* on met *une*, l'*e* reviendra-t-il ?

R. Oui , comme, *ce n'est pas une grande chose, une grande peine, une grande peur,* etc. (1)

Nota. — L'usage de syncoper l'*e* de *grande* dans tous ces mots , n'est peut-être pas in-contestablement établi , surtout en écrivant.

(1) Il n'y a que *grand'mère* qui ne change pas ; on dit *une grand'mère , ma grand'mère , des grand'mères.*

DE L'*E* SUBSTANTIF MASCULIN.
Art. 5.

D. Vous avez dit ci-devant qu'il y avait trois sortes d'*e* ; est-ce qu'on ne pourrait pas en admettre quatre sortes ?

R. Oui, la quatrième sorte serait l'*e* moyen, comme dans ces mots, *tristesse*, *adresse*, *degré* ; le premier de ces *e*, n'est ni fermé, ni ouvert, ni muet, par conséquent, il est moyen.

D. Quand un *e* est à la fin de la pénultième syllabe d'un mot, n'y met-on pas ordinairement un accent grave ?

R. Oui, *première*, *quatrième*, *aimèrent*, *appelèrent*, *accablèrent*, *jetèrent*, etc. Cependant on écrit avec l'accent aigu, *différent*, *commodément*.   (1).

DE L'*F* SUBSTANTIF FÉMININ.
Art. 6.

D. Quand la lettre *f* est à la fin des mots, soit singuliers ou pluriels, s'y fait-elle sentir ?

R. Oui, même quand le mot suivant commencerait par une consonne ou une *h* aspirée, comme, *chef*, *serf*, *fief*, *natif*, *juif*,

---

(1) Il faut consulter le dictionnaire et l'oreille pour placer les accents.

veuf, *naïf*, *primitif*, *positif*, *consécutif*, etc. Cependant l'*f* de *chef* est muette quand ce mot est joint à un autre mot, par exemple, *chef-d'œuvre* se prononce comme *chè-d'œuvre*.

D. Dans ces mots, *bœuf*, *nerf*, *œuf*, faut-il prononcer l'*f*?

R. On la prononce au singulier, et on ne la prononce pas au pluriel. (1)

D. Doit-on prononcer l'adjectif *neuf*, comme le nom de nombre *neuf*?

Non : dans l'adjectif *neuf*, l'*f* se fait toujours sentir au singulier ; on dit : un habit *neuf*; mais au pluriel elle ne se prononce pas. Dans le nom de nombre cardinal *neuf*, l'*f* se prononce toujours, si elle est à la fin d'une phrase : il y en a *neuf*, quatre-vingt-dix-*neuf*; si elle est avant une voyelle ou une *h* muette, elle a le son d'un *v*, comme, *neuf* ans, *neuf* heures, qu'on prononce comme *neuvans*, *neuvheures ;* et si elle est placée avant une consonne, elle ne se prononce jamais, *neuf* fantassins, *neuf* mille, *neuf* brebis, prononcez, *neu* fantassins, *neu* mille, *neu* brebis etc. (2)

(1) Cependant on prononce *bœuf-gras*, *nerf-de-bœuf*, comme s'il y avait *beu-gras*, *ner-de-beu*.

(2) L'*f* dans les mots *clef* et *cerf*, ne se prononce pas au singulier ni au pluriel.

DU *G* SUBSTANTIF MASCULIN.

Art. 7.

D. Comment faut-il prononcer *gn* au milieu d'un mot ?

R. Il se prononce mouillé, exemple : *ignorance*, *magnanime*, *agneau*.

D. Ne se prononce-t-il pas quelquefois autrement?

R. Il a la prononciation forte dans les mots suivans : *agnat*, *àgnation*, *agnus*, *régnicole*, *gnostique*, et dans tous les mots qui commencent par ces deux lettres.

D. Quand le *g* finit le mot, doit-on le prononcer?

R. Il ne se prononce que dans quelques mots; il ne se prononce pas dans ceux-ci, même quand ils seraient avant une voyelle: *étang*, *rang*, *seing*, *parpeing*, *poing*; mais *joug* et *sang* veulent qu'on prononce avant une voyelle leur *g* comme un *k* ; ainsi il faut dire : son *joug* est facile, le *sang* humain, comme s'il y avait son *jou* kest facile, le *san* khumain. (1)

(1) Dans les noms propres il faut joujours prononcer le *g* final. *Casting*, *Canning*, comme s'il y avait *Castingue*, *Cunningue*.

DE L'*H* SUBSTANTIF FÉMININ.

ART. 8.

D. Dites-moi si l'*h* est aspirée ou muette dans ces mots : *héros*, *hameau*, *haine*, *héroïsme*, *habitant*, *haleine*.

R. Elle est aspirée dans les trois premiers; mais elle est muette dans les trois derniers.

D. Est-il facile de savoir si une *h* est muette, ou si elle ast aspirée?

R. Il est très-facile de le savoir : si on peut mettre *le* ou *la* devant l'*h*, elle sera aspirée, et si on ne peut mettre que *l'*, elle sera muette, par exemple : le *hameau*, le *héros*, la *haine*; l'*habitant*, l'*héroïsme*, l'*haleine*.

D. Quel son a l'*h* précédée d'un *p*?

R. Elle a toujours le son d'une *f*, ou plutôt le *p* et l'*h* ne valent qu'une *f*, par exemple : *Pharaon*, *phrase*, *Joseph*, *diphtongue* etc. prononcez *Faraon*, *frase*, *Josef*, *diftongue*.

D. L *h* se prononce-t-elle dans *chr*, *th*, et *rh*?

R. Non. Exemple : *Jésus-Christ*, *je suis chrétien*, *je serai toujours un bon catholique*, *je sais ma théologie*, *voulez-vous des arrhes?* *savez-vous l'arithmétique?*

D. La lettre *h* est-elle aspirée dans les noms de nombres?

R. Elle ne l'est pas ; on dit : le *huit*, le *huitième*, la *huitaine*, qu'on prononce le *uit*, le *uitième*, la *uitaine*.

DE L'*I* SUBSTANTIF MASCULIN.

ART. 9.

D. Quelles sont les observations que vous avez à faire sur cette voyelle?

R. Je remarque que cette voyelle ne se prononce pas dans les mots *oignon*, *moignon*, *poignard*, *poignée*, etc.

DU *J* SUBSTANTIF MASCULIN.

ART. 10.

D. Comment faut-il nommer cette lettre *j*?

R. On doit la nommer *je*, et non pas *ji*, comme la nomment plusieurs. (1)

(1) On ferait bien, dans les écoles, de donner aux consonnes des noms qui en indiquassent la prononciation. Pour cela, nommez-les par le son qu'elles ont suivies de l'*e* muet. Par exemple, on épelle le mot *heureux* ainsi : *ache*, *é*, *u*, *heu*; *erre*, *é*, *u*, *iese*, *reux*; *heureux*. Comment reconnaître dans cette manière d'épeler la prononciation de ce mot? La méthode proposée vaut assurément mieux : *he*, *eu*, *heu*; *re*, *eu*, *reu*; *heureux*.

DU K SUBSTANTIF MASCULIN.

ART. 11.

D. Se sert-on encore souvent de la lettre *k* ?

R. On ne s'en sert plus que dans les mots *kermès*, *kilogramme*, *kilomètre*, *kilolitre*, *kyrielle*, et peu d'autres.

On s'en sert aussi dans les noms propres de lieu et de personnes, comme *Stockholm*, *Yorck*, *Karaïskaki*, *Kayczer*, *Kératry*, etc.

DE L'L SUBSTANTIF FÉMININ.

ART. 12.

D. *L* au milieu et à la fin des mots, quand elle est précédée d'un *i*, doit-elle se prononcer mouillée?

R. Oui, il faut la prononcer mouillée dans les mots suivans : *bouillir*, *camail*, *cueillir*, *émail*, *fille*, *œil*, *péril*, *pillage*, *sautiller*, *soupirail*, *travail*, *travailler*, etc.

D. Y a-t-il des exceptions?

R. Il y en a peu.

D. Citez quelques mots où la lettre *l* ne soit pas *mouillée?*

R. *Achille*, *illustre*, *imbécille*, *cil*, *subtil*, *tranquille*, *Villanelle*, *ville*, *vil-*

lage, etc. (Il faut consulter l'oreille et le Dictionnaire).

D. Quand une *l* finit un mot, faut-il la prononcer ?

R. Il faut la prononcer à la fin des mots *Abel*, *aïeul*, *autel*, *calcul*, *Ciel*, *hôtel* etc., et il ne faut pas la prononcer à la fin de *baril*, *chenil*, *fusil*, *persil*, *sourcil*, etc.

DE L'*M* SUBSTANTIF FÉMININ.

ART. 13.

D. Quel son rend l'*m* quand elle est à la fin d'un mot?

R. Elle rend un son nasal, c'est-à-dire qu'on la prononce du nez, comme à la fin des mots *nom*, *pronom*, *faim*, *daim*, *essaim*. Excepté dans la plupart des noms propres, comme *Abraham*, *Amsterdam*, *Jérusalem*, *Stockholm*.

D. Quel son a cette lettre devant une autre *m*, un *b*, un *p*, et un *t*?

R. Elle a le son d'une *n*, comme : *emmener*, *emblême*, *emploi*, *camp*, *comte*, *comtesse*.

D. Faut-il en excepter quelques mots ?

R. Il faut en excepter quelques-uns, qui sont empruntés des autres langues, où elle retient toute sa prononciation, comme, *Memnon*, *somnifère*, etc.

D. Comment se prononce cette lettre quand elle est redoublée devant les mots composés de la préposition *en* ?

R. Elle se prononce encore comme *n* ; ainsi on prononce *emmener*, *emmailloter*, comme si l'on écrivait *enmener*, *enmailloter*. Cependant elle retient sa prononciation ordinaire dans *immédiation*, *commisération*, *comminatoire*, *communier*, *communion*, *communiquer*, *immédiatement*, etc.

D. Quand une *m* est suivie d'une *n*, doit-on la faire sentir ?

R. On ne la fait point sentir pourvu qu'elle se trouve à la fin d'une syllabe, et que la suivante commence par l'*n*. Exemple : *Automne*, *condamner*, prononcez *autone*, *condaner*. Autrefois l'on écrivait *solemnel*, *solemnité*, qu'on prononçait *solennel*, *solennité*. Maintenant il faut écrire ces mots comme on les prononce, c'est-à-dire *solennel*, *solennité*, etc.

DE L'*N* SUBSTANTIF FÉMININ.

ART. 14.

D. Que faut-il remarquer sur la lettre *n* ?

R. 1.° Il faut remarquer qu'elle se prononce toujours à la fin d'un pronom ou d'un adjectif immédiatement suivi de son substantif commençant par une voyelle ou une *h* muette, comme *mon humeur*, le *bon apótre*, le *cheval de son hóte* etc., qu'on prononce comme s'il y avait, *mon nhumeur*, le *bon napótre*, le *cheval de son nhóte*, etc.

2.° Il faut remarquer que l'*n* finale n'a qu'un son nasal dans tous les autres mots, excepté dans *amen*, *abdomen*, *examen*, *hymen*, où l'*n* se prononce comme en latin, c'est-à-dire qu'elle se prononce comme si l'on écrivait *amenne*, *abdomenne*, *examenne*, *hymenne*. L'usage apprendra les autres.

DE L'*O* SUBSTANTIF MASCULIN.

ART. 15.

D. Qu'est-ce qu'il faut remarquer sur l'*o*?

R. Il faut remarquer que, quand il est substantif, il ne prend point d'accent ; on dit un grand *O*, un petit *o;* mais qu'il prend l'accent circonflexe, quand il est seul, et alors il est toujours interjection : *ó mon Dieu! ó mon fils! ó siècle! ó temps! ó mœurs! ó hommes!*

DU *P* SUBSTANTIF MASCULIN.

Art. 16.

D. Prononce–t–on ordinairement le *p*, quand il est à la fin des mots ?

R. On le prononce toujours à la fin des noms propres et des mots *cap*, *jalap*, et à la fin des adverbes *beaucoup* et *trop*, quand ils sont suivis d'une voyelle ou d'une *h* muette ; mais il ne se prononce pas ordinairement à la fin des autres mots : ainsi il faut dire un *camp ennemi*, comme s'il y avait *un can ennemi*. (1)

L'usage apprendra le reste.

DU *Q* SUBSTANTIF MASCULIN.

D. Que faut-il remarquer sur la lettre *q* ?

R. Il faut remarquer que cette lettre veut toujours être suivie de l'*u*, à moins que ce ne soit à la fin d'un mot, comme *coq*, *cinq*, et elle se prononce comme un k. Cependant, *q* ne se prononce pas dans le mot *cinq*, suivi d'une consonne ou d'une *h* aspirée. Exemple : *cinq pigeons*, *cinq bouteilles*, *cinq hameaux*,

(1) Il ne se prononce pas dans les mots *cep*, *drap*, *sirop*. Il ne se prononce pas dans *baptiser*, *baptême* ; mais il se prononce dans *baptismal*.

qu'il faut prononcer *cinpigeons*, *cinbouteilles*, *cinhameaux*.

D.   Faut-il faire sentir l'*u* qui suit la lettre *q* ?

R.   1.° On le fait sentir dans les mots, *quadragénaire*, *quadragésime*, *quadrangulaire*, *quadratrice*, *quadrature* (du cercle), *quadruple*, etc., qu'on prononce *kouadragénaire*, etc. Cependant on dit encore *quadrature* qui se prononce *kadrature* (terme d'horlogerie).

2.° On ne le fait pas sentir dans *qualité*, *quarante*, *quantité*, qu'on prononce *kalité*, *karante*, *kantité*.

D. Y a-t-il des mots où la lettre *q* se prononce singulièrement ?

R. Oui, *questeur*, *questure*, *quindécagone*, *quindécemvirs*, *quinquagénaire*, *quinquagésime*, *quinquennal*, *quinquinnium*, *quinquerce*, *quinquéréme*, *quintuple* ; ces mots doivent ainsi se prononcer *kuesseteur*, *kuesseture*, *kindécagone*, *kuindécemvirs*, *kuinkouagénaire*, *kuinkouagésime*, *kinkennal*, *kinkenniom*, *kinkerce*, *kinkuéréme*, *kuintuple*.

DE L'R SUBSTANTIF FÉMININ.
ART. 18.

D. Qu'avez-vous à me dire de l'*r* ?

R. J'ai à vous dire que, quand cette lettre est à la fin des mots, suivis d'un autre mot qui commence par une voyelle ou une *h* muette, on doit la faire sonner, comme : *aimer honorablement ; ne se fier à personne*, etc. On doit prononcer : *aimer rhonorable-ment ; ne se fier rà personne.* Mais si le mot suivant commence par une consonne ou par une *h* aspirée, ou si l'*r* finit la phrase, on ne la prononcera pas. Exemples : *aimer Dieu, honorer ses parens, travailler hardiment, je dois le trouver,* etc.; prononcez : *aimé Dieu, honoré ses parens, travaillé hardi-ment, je dois le trouvé,* etc.

D. Y a-t-il des exceptions ?

R. Oui, car l'*r* sonne, même devant une consonne dans les mots *Jupiter, Lucifer, en-fer, ver, fier, hier,* etc. ; dans l'infinitif de la deuxième et troisième conjugaisons, *finir, recevoir,* etc., et dans tous les mots qui finissent par *ir, oir, ur, or, ar.* (1)

(1) *Monsieur,* se prononce *Mossieu,* et au pluriel *Messieurs.* On ne fait jamais sentir l'*r.*

Il n'en est pas ainsi de *Sieur,* où l'*r* se prononce.

DE L'*s* SUBSTANTIF FÉMININ.

Art. 19.

D. Faut-il toujours prononcer l'*s* quand elle est à la fin des mots?

R. On ne la prononce pas, quand le mot suivant commence par une consonne ou par une *h* aspirée, ou quand elle est à la fin d'une phrase.

Exemples : *les hommes de tous les tems, les héros des siècles passés, le puits, le discours, toujours, plusieurs,* etc. ; mais elle se prononce à la fin de presque tous les noms propres, les monosyllabes et les mots qui tirent leur origine des langues étrangères, comme : *Mars, Crésus, Agnès, Hérodias, gratis, vis, fils, relaps, virus, orémus, sinus, Tunis, Rheims, Vénus,* etc. ; excepté *Jésus, Judas, Barnabas, Thomas, Nicolas.*

D. L'*s* finale doit-elle toujours sonner sur la voyelle ou sur l'*h* muette qui la suit?

R. Ordinairement il faut qu'elle sonne; mais, lorsqu'elle se trouve dans des phrases où cela serait désagréable à l'oreille, il faut éviter de la faire sonner. Exemples : *les honnêtes hommes aiment tous les autres hommes ; il est arrivé vers onze heures et demie ; il* *est parti vers huit heures.* Prononcez : *les zhonnête hommes zaiment tous les zautres zhommes ; il est arrivé ver onze heures zet demie ; il est parti ver huit heures.*

D. Comment faut-il faire pour savoir si une *s* doit ou ne doit pas se prononcer?

R. Il faut faire attention qu'on ne prononce pas souvent l'*s*, quand elle est après les lettres dont le son est dur, comme *c*, *f*, *l*, *r*, *q*, et qu'on prononce toujours l'*s* finale des adjectifs et des pronoms. Exemple : *mes bons enfans, aimez Dieu, chérissez tous vos parens, et appliquez-vous aux sciences qui doivent vous être enseignées par des maîtres habiles et aimables.* Prononcez : *mes bons zenfans, aimez Dieu, chérissez tous vos parens, et appliquez-vous zaux sciences qui doivent vous zêtre enseignées par des maîtres zhabiles zet aimables.*

DU *T* SUBSTANTIF MASCULIN.
Art. 20.

D. Faut-il toujours prononcer le *t* final lorsqu'il est suivi d'une voyelle ou d'une *h* muette ?

R. Oui, comme dans ces phrases : *il tient un corbeau ; il finit aussi ; il faut acquérir des connaissances qui soient utiles ; il est à présent dans un état abominable,* etc., qu'on prononce comme s'il y avait : *il tien tun corbeau ; il fini taussi ; il fau tacquérir des connaissances qui soien tutíles ; il es tà présent dans un éta tabominable.* (1)

D. Cependant doit-il sonner à la fin des mots dont la dernière syllabe est longue ?

R. Quelquefois ; mais bien souvent on ne la fait pas sonner.

Exemples du premier cas :

Il est prét à partir ; c'est un haut arbre. Prononcez : *il est pré tà partir ; c'est tun hau tarbre.*

Exemples du second cas :

Votre goût est le mien ; la cour a rendu un arrét excellent ; la forét a été ravagée. Prononcez : *votre goû est le mien ; la cour a rendu un arré excellent ; la foré a été ravagée.* (2)

(1) Il ne sonne jamais dans *amict*, *aspect*, *instinct*, *respect*, *suspect*, quand ces mots seraient suivis d'une voyelle ou d'une *h* muette.

(2) Cette remarque est bonne à suivre dans la prononciation familière ; mais dans la prononciation soutenue, dans le discours public, on n'y a pas égard.

D.   Y a-t-il des mots où le *t* final se prononce fortement ?

R.   Oui. *Brut*, *Christ*, *correct*, *direct*,
dot, *est* (orient), *exact*, *fat*, *indult*, *ouest*,
rapt, *rit*, *tact*, *zest*, etc.

D.   Faut-il prononcer le *t* dans le mot *et*,
quand le mot suivant commence par une
voyelle ?

R.   Non ; c'est pourquoi il est bien aisé de
le distinguer de la troisième personne du présent de l'indicatif du verbe *étre*. (1)

DE L'*U* SUBSTANTIF MASCULIN.

Art. 21.

D.   L'*u* est-il quelquefois consonne ?

R.   Il est toujours voyelle : *un grand* u,
un petit u.

DU *V* SUBSTANTIF MASCULIN.

Art. 22.

D.   Que remarque-t-on sur le *v* ?

R.   On remarque qu'autrefois on l'appelait
abusivement *u* consonne, et que dans l'appellation moderne, on le nomme *ve*, et non

(1) L'usage apprendra le reste. On dit : *cent écus*,
cent un, *cent onze*, qu'on prononce *cen técus*, *cen un*,
cen onze, etc.

pas *vé*. De sorte qu'aujourd'hui, on dit un *v*, comme dans la dernière syllabe du mot *rave*.

DE L'*X* SUBSTANTIF MASCULIN.

ART. 23.

D. Qu'est-ce qu'un *x*?

R. C'est la vingt-troisième lettre de l'alphabet français. Suivant l'ancienne appellation on la nommait *ics*, ou *ixe*; suivant la nouvelle, on l'appelle *ix* ou *xe*, comme dans la dernière syllabe des mots *axe*, *fixe*, etc.

D. Quel son a l'*x*?

R. Tantôt il a le son de *cz* joints ensemble, *xénélasie*, *xérophthalmie*, prononcez *czénélasie*, *czérophthalmie*; tantôt d'un *c* dur et d'une *s* : *Alexandre*, *apopléxie*, *axiome*, *dextérité*, *expertise*, *extraire*, qu'il faut prononcer *Alecsandre*, *apoplecsie*, *acsiome*, *decstérité*, *ecspertise*, *ecstraire*; et tantôt il a le son d'une *s* simple : *Aix*, *Auxerre*, *Auxonne*, *Bruxelles*, *Cadix*, *soixante*, *dix-huit*, etc., qu'on prononce, *Ais*, *Auserre*, *Ausonne*, *Bruselle*, *Cadis*, *soisante*, *dis-huit*.

D. Faut-il toujours prononcer l'*x*, quand il est à la fin des mots?

R. Il faut le prononcer dans les mots suivans : *Ajax*, *Alix*, *borax*, *Félix*, *préfix*, comme s'il y avait : *Ajaxe*, *alixe*, *boraxe*, *félixe*, *préfixe* ; mais il ne faut pas le prononcer dans *crucifix*, *chaux*, *croix*, *époux*, quand même ces mots seraient devant une voyelle. On écrit : *ce crucifix est beau* ; *de la chaux à vendre* ; *la croix a été posée* ; *un époux aimable* ; mais il faut prononcer : *ce crucifi est beau* ; *de la chau à vendre* ; *la croi a été posée* ; *un épou aimable*.

D. Comment prononce-t-on le mot *paix* ?

R. On le prononce *paiz*, devant une voyelle ou une *h* muette. Exemples : *une paix à désirer* ; *une paix honorable*. On prononce : *pai zà désirer* ; *pai zhonorable*.

DE L'Y SUBSTANTIF MASCULIN.

Art. 24.

D. Qu'est-ce qu'un *y* ?

R. Un *y* ou *i* grec est une lettre qui a tantôt un *caractère simple*, et tantôt un *caractère double*.

D. Qu'entend-on par caractère simple ?

R. Par *caractère simple*, on entend que l'*y* n'a d'autre valeur que celle de l'*i* voyelle, et notre orthographe ne l'admet plus que dans un petit nombre de mots purement français; mais il faut continuer à l'employer pour marquer l'étymologie des noms dérivés du grec; comme *étymologie*, *hymen*, *analyse*, *physicien*, et dans les noms propres : *Hippolyte*, *Ochey*, *Thuilley*, *Colombey*, etc. On peut le remplacer dans beaucoup de noms, par l'*i* simple; par exemple, on écrit *abyme* ou *abîme*.

Les noms de lieux qui finissent en *i* s'écrivent assez ordinairement sans *y* : *Nanci*, *Commerci*, *Sampigni*, *Ligni*, *Longwi*. La conservation de l'*y* dans ces noms est insignifiante et n'est qu'un reste de gothique.

D. Qu'entend-on par caractère double?

R. Par *caractère double*, on entend deux *ii* accouplés, dont le premier doit finir une syllabe et le second doit en commencer une autre, comme dans *abbaye*, *ayant*, *citoyen*, *joyeux*, *moyen*, *pays*; prononcez *abbai-ie*, *ai-iant*, *citoi-ien*, *moi-ien*, *joi-ieux*, *pai-is*.

DU *Z* SUBSTANTIF MASCULIN.

Art. 25.

D. Comment faut-il nommer cette lettre *z*?

R. Il faut la nommer *zède*.

D. Faut-il faire sonner le *z* à la fin des mots suivis d'une voyelle ou d'une *h* muette ?

R. Il faut le faire sonner, quand il adoucit la prononciation. Exemples : *Vous serez un jour. Vous étiez heureux. Vous aimez assez à voir un nez agréable ;* on prononce : *Vous seré zun jour. Vous étié zheureux. Vous aimé zassez à voir un né zagréable.*

REMARQUES SUR LES NOMS.

A rt. 26.

D. Y a-t-il des noms substantifs masculins qui aient l'air féminin ? (1)

R. En voici plusieurs : *abîme, air, amadou, âne* (féminin *ânesse*)*, arrosoir, autel, chanvre, éclair, emplâtre, encensoir, étang, évangile, érable, érysipèle, hôtel, impératif, incendie, indicatif, infinitif, intervalle, légume, monticule, ongle, orage, parafe, plane,* etc. ; *pleurs* et *décombres.* Ces deux derniers n'ont point de singulier.

(1) *Avoir l'air* doit être suivi d'un adjectif masculin singulier, on dit : *elle a l'air bon, elles ont l'air hautain ;* ou bien, ce qui semble plus correct, on emploie le féminin en ajoutant l'infinitif *être : elle a l'air d'être bonne, elles ont l'air d'être hautaines.*

D. Y a-t-il des noms substantifs féminins qui aient l'air masculin ?

R. Oui : *alcove*, *argile*, *auge*, *dent*, *glu*, *horloge*, *idole*, *orge*, *réglisse*, *sentinelle*, etc.

D. Comment appelle-t-on les substantifs qui sont des deux genres?

R. On les appelle *noms épicènes*. Exemples : *auteur*, *libraire*, *médecin*, *poète*, *philosophe*, etc. ; on dit en parlant d'une femme : *c'est un bon auteur ; c'est un bon libraire*, *un pitoyable médecin*, etc.

D. Quels sont les noms qui sont masculins au singulier, et féminins au pluriel ?

R. En voici quelques-uns : *amour*, s. m., sentiment par lequel le cœur se porte vers ce qui lui paraît aimable ; *amours*, s. f., passion de l'amour. *Les amours printannières des oiseaux.*

Délice, s. m., c'est mon *délice. Délices*, s. f. p. voilà de précieuses *délices*, (peu usité au singulier).

Orgue, s. m., voilà un bel *orgue. Orgues*, s. f. p., voilà de belles *orgues*.

D. Qu'est-ce qu'il faut remarquer sur les noms *aigle*, *couple*, *exemple* et *période* ?

R. 1.° Il faut remarquer que le mot *aigle* est du masculin, quand il est employé pour signifier un oiseau. *Un grand, un bel aigle;* mais quand il est employé en terme d'armoiries, il est du féminin. *L'aigle romaine, l'aigle impériale.*

2.° Il faut remarquer que *couple* est du masculin, quand il signifie l'union de deux choses ensemble, c'est-à-dire, quand il y a un mâle et une femelle, comme *un couple de chiens,* de *tourterelles. Un beau, un heureux couple.* Il faut remarquer qu'il est du féminin, quand il y a deux choses de même espèce, mises ensemble, ou bien quand il signifie le lien dont on se sert pour attacher deux chiens de chasse ensemble. Exemple : *une couple d'œufs ; une couple de pigeons ; une couple de chemises; mettez la couple à mes chiens.*

3.° Il faut remarquer qu'*exemple* est féminin, en parlant d'une pièce d'écriture. *Le maître m'a donné une belle exemple pour écrire;* ailleurs il est masculin.

4.° Il faut remarquer que *période* est masculin, quand il veut dire le plus haut point, ou la fin de quelque chose. *Le période de*

*la gloire ; la maladie est à son période ;
la mort est le période de la vie.* Il faut remarquer qu'il est féminin, quand il veut dire
mesure de tems, *époque*, ou qu'il marque
les membres d'une phrase composée qui expriment un sens parfait.

D. Les noms substantifs *pendule* et *orge*,
sont-ils toujours du genre féminin?

R. Non : 1.° *pendule* est du masculin,
quand il signifie le poids qui est attaché à un
fil de fer ou de soie etc. , et dont les vibrations
règlent le mouvement d'une horloge.

2.° *Orge* est du masculin dans ces seules
phrases : *de l'orge perlé ; de l'orge mondé.*

D. De quel genre est *hymne?*

R. Ce mot est féminin en parlant des
hymnes qu'on chante à l'église , et ailleurs il
est masculin.

D. Que remarque-t-on sur le mot *gens*,
s. p. ?

R. On remarque qu'il veut au féminin
tous les adjectifs ou participes qui précèdent,
et au masculin tous ceux qui suivent. Exemples:
*des gens bien aimés ; voilà de belles gens;
il y a trop de gens paresseux.*

D. Y a-t-il des exceptions ?

R. Oui : on dit, *tous les gens de bien*; on dit aussi *tous* pour *toutes*, quand un adjectif de tout genre précède le mot *gens* : *tous les braves gens*, *tous les honnêtes gens*.

D. Quand *gens* est suivi de la préposition *de*, de quel genre est-il ?

R. Il est du masculin ; alors il désigne *tous ceux d'une même profession*, *d'un même parti*, *d'une même partie*, ou il signifie *domestiques* : *gens* de qualité; *gens* de lettres ; *gens* d'église ; nos *gens* ont réussi ; tous nos *gens* sont partis ; appelez mes *gens* que vous avez vus.

DES NOMS COMPOSÉS.

A r t. 27.

D. Quand un nom est composé d'un adjectif et d'un nom, prennent-ils tous deux la marque du pluriel?

R. Oui : *Un arc-boutant*, *des arcs-boutans ; un gentil-homme*, *des gentils-hommes.*

D. Quand un mot est composé de deux noms unis par une préposition, auquel des deux noms faut-il donner le pluriel?

R. On ne le donne qu'au premier : *un chef-d'œuvre*, *des chefs-d'œuvre ; un arc-en-ciel*, *des arcs-en-ciel.*

D. Quand un mot est composé d'une préposition ou d'un verbe et d'un nom, est-ce le nom qui doit prendre la marque du pluriel ?

R. Oui, c'est le nom seul : *un garde-fou, des garde-fous; un entre-sol; des entre-sols* (1)

DES NOMS PARTITIFS.

Art. 28.

D. Qu'appelle-t-on noms partitifs ?

R. On appelle noms partitifs, ceux qui marquent la partie d'un plus grand nombre ; comme, *la plupart de, beaucoup de, une infinité de, peu de, trop de*, etc.

D. Comment les noms partitifs, suivis d'un nom pluriel veulent-ils le verbe et l'adjectif ?

R. Ils veulent le verbe et l'adjectif au pluriel. Exemples : *La plupart* des enfans sont légers. *Beaucoup* d'hommes sont venus. *Une infinité* de femmes étaient présentes. *Peu* de soldats ont été tués.

D. Mais, si l'article *le* précède les mots *peu* et *trop*, ou bien, si c'est un pronom

(1) Il y a des noms composés qui ne suivent pas cette règle ; mais l'usage les apprendra. On dit des coq-à-l'âne ; des bec-figues etc.

démonstratif ou possessif qui les précède, ces mots voudront-ils le verbe et l'adjectif suivans au pluriel?

R. Non, parce que quand les mots *trop* et *peu* ont un de ces mots devant eux, ils veulent être considérés comme *noms subs-tantifs masculins invariables.*

Exemples.

Le peu d'hommes qui est venu, n'a pas satisfait mon attente. Qui est-ce qui est venu? *Le peu.* Voilà le sujet. Qui est-ce qui n'a pas satisfait? *Le peu.* Voilà encore le sujet.

Le trop de maux abat l'homme. Qui est-ce qui abat l'homme? *Le trop,* sujet.

Vous devriez vous plaindre *du peu* de caresse qu'il vous a fait. De quoi devriez-vous vous plaindre? *Du peu,* rég. ind. Qu'est-ce qu'il vous a fait? *Que* pour *lequel, quoi? Lequel peu,* rég. direct. *Mon peu* de talents m'a empêché de devenir riche. *Ce peu, ce trop* de femmes a été suivi par ces enfans. (1)

D. Pourrait-on dire : *le peu* de réputation que j'ai acquise ?

(1) Les Instituteurs doivent préparer beaucoup de phrases analogues à celles-ci, afin de les inculquer dans l'esprit de leurs élèves.

R. Non, il ne faut jamais se servir de phrases analogues à celle-là; il faut toujours suivre les exemples ci-dessus, parce qu'il couvient de considérer *le peu*, *le trop*, *mon peu*, *mon trop*, *ce peu*, *ce trop*, etc. comme étant le nominatif ou le régime du verbe.

D. Mais, si le nom partitif est suivi d'un singulier, l'adjectif, le pronom et le verbe s'accordent-ils avec le nom?

R. Oui, pourvu qu'il n'y ait point d'article devant les mots *peu* et *trop*, ainsi qu'il est déjà dit ci-dessus.

Exemples.

Une quantité de monde est tombé dans de grandes erreurs.

La plupart du monde a été d'avis que... (1)

Beaucoup de vin a été vendu.

Trop ou peu de bierre a été mise en bouteilles.

Combien de pain nous avons mangé.

Cette espèce de raisin sera bientôt mûre.

D. Dans le sens partitif, faut-il mettre *de* au lieu de *des*, devant un adjectif?

R. Oui, on dit : j'ai vu *de* belles maisons, et non pas *des* belles maisous; *de* beaux

(1) Si *la plupart* est seul, le verbe suivant doit se mettre au pluriel. *La plupart vinrent.*

hommes, *de* superbes châteaux, *de* très-belles femmes, *de* très-beaux blés, et non pas *des* beaux hommes, *des* superbes etc.

REMARQUES SUR L'ARTICLE.

Art. 29.

D. Que remarquez-vous sur l'article?

R. Je remarque qu'il ne faut pas confondre l'article *le*, *la*, *les* avec le pronom *le*, *la*, *les*.

D. Que faut-il faire pour ne pas les confondre?

R. Il faut voir s'il y a un nom après *le*, *la*, *les*; s'il y en a un, c'est un article, s'il n'y en a point, c'est un pronom. *Exemples* : le *Roi*, la *Reine*, les *hommes*. Voilà l'article joint à un nom. Mais le voici joint à un verbe : *je l'aime*, *je la méprise*, *je les louerai*; c'est-à-dire, j'aime *lui* ou *elle*, je méprise *elle*, je louerai *eux* ou *elles*.

D. Ne pourrait-on pas encore considérer *un*, *une*, comme article?

R. Oui, puisque *un*, *une*, sert à trouver le genre comme *le*, *la*; et c'est pour cela qu'on devrait dire : il y a deux articles, *le*, *la*, *un*, *une* : on dit *un* homme, *une* femme, comme on dit *l'homme*, *la* femme. Mais si *un*, *une*, sont employés comme noms de nombre, ils ne sont plus articles, comme, *combien en a-t-on pris?* un, deux, etc.; un *des hommes*, une *des femmes*.

REMARQUES SUR L'ADJECTIF QUALIFICATIF.

Art. 30.

D. Que faut-il remarquer sur l'adjectif?

R. Il faut remarquer que certains adjectifs se mettent quelquefois devant le nom et quelquefois après; ce qui fait que la signification en est variable.

Exemples.

Homme grand signifie *homme* qui a une grande taille; *grand homme* signifie *homme* d'un mérite distingué.

Grand bras veut dire *bras* d'un grand corps, et *bras grand* veut dire *bras* qui peut beaucoup. *Galant homme* signifie *homme* qui a des manières honnêtes, et *homme galant* signifie qui tâche de plaire au sexe.

Honnête homme signifie *homme* de probité, et *homme honnête* signifie *homme* poli, affable.

Pauvre homme signifie homme qui n'a guère

de mérite, et *homme pauvre* signifie *homme* dans la misère, qui n'est pas riche.

Femme sage signifie *femme* vertueuse, et *sage-femme* signifie *femme* qui assiste les femmes en couche. (1)

D.   Que faut-il encore remarquer?

R.   Il faut encore remarquer que l'adjectif *nu* est invariable quand il est devant le nom, et qu'il est variable quand il est après. Exemple : *nu-pieds, nu-jambes, nu-tête ; pieds nus, jambes nues, tête nue.*

ADJECTIFS DE NOMBRE.

A r t.   31.

D.   *Cent* au pluriel, et *vingt* dans quatre-vingt, six vingt, ne prennent-ils pas une *s*, quand ils sont suivis d'un nom?

R.   Oui : *deux cents* hommes ; *quatre-vingts* arbres ; *six-vingts* maisons.

D.   Si, après *cent* et *vingt* il n'y a pas de nom, mais un autre nom de nombre, ces mots prendront-ils la marque du pluriel?

R.   Non : deux *cent-un* hommes; deux *cent* mille femmes ; *quatre-vingt*-dix lièvres ; *six-vingt*-un oiseaux.

(1) L'usage apprendra les autres.

D.   Quand *cent* marque la date des années prend-il une *s* ?

R.   Il n'en prend jamais. Mil huit *cent*; l'an *cinq* cent vingt.

D.   Le mot *mille* a-t-il différentes significations ?

R.   Il en a trois :

1.° *Mille*, signifiant dix fois cent, s'écrit toujours sans *s*. Les quatre *mille* francs que vous me devez.

2.° *Mil*, signifiant la date des années, s'écrit toujours *mil*. L'an *mil* huit cent vingt-huit.

3.° *Mille*, signifiant une certaine étendue de terrain, prend une *s* au pluriel. Il y a deux *milles* d'ici à......

D.   Qu'est-ce qu'on remarque sur le mot *demi?*

R.   On remarque que ce mot est toujours invariable quand il est devant un nom, et qu'il varie lorsqu'il est après, c'est-à-dire, lorsqu'il devient adjectif. Exemples : une *demi*-livre, une *demi*-heure; une livre et *demie*, une heure et *demie*.

REMARQUES SUR L'ADJECTIF POSSESSIF.

Art. 32.

D. Faut-il se servir de l'adjectif possessif, *son*, *sa*, *ses*, *leur* ou *leurs*, mis pour un nom de chose, si ce nom n'est pas exprimé dans la même phrase?

R. Non; ne dites pas : *Paris est beau, j'admire ses bâtimens*; mais dites : *j'en admire les bâtimens*; ce pronom *en* est ici régime indirect, parce qu'il est pour *de lui* Paris.

D. Quand est-ce qu'on emploie *son*, *sa*, *ses*, *leur*, *leurs*?

R. On emploie bien *son*, *sa*, *ses*, *leur*, *leurs*, pour un nom de chose, quand ce nom est exprimé dans la même phrase. Ainsi, on dit : la Seine a *sa* source en Bourgogne.

D. Mais, si le nom de chose est régi par une préposition, faudra-t-il se servir de l'adjectif *son*, *sa*, *ses* etc. ?

R. Oui, comme : Paris est beau, j'admire la grandeur de *ses* bâtimens ; ces fleurs sont jolies, j'admire la beauté de *leur* forme.

REMARQUES SUR TOUS LES PRONOMS.

Art. 33.

D. Que faut-il remarquer sur le pronom *vous* ?

R. Il faut remarquer que lorsque ce pronom est employé pour *tu*, il veut le verbe au pluriel ; mais l'adjectif ou le participe suivant reste toujours au singulier.

Exemples.

Mon fils, vous serez estimé si vous êtes sage ; vous aimez, vous estimez, etc. pour *mon fils, tu seras estimé, si tu es sage, tu aimes, tu estimes*, etc.

D. Quand *nous*, *vous*, sont suivis de *même* uni par un trait-d'union, faut-il toujours mettre une *s* à la fin de *même* ?

R. Il n'en faut jamais mettre quand ces pronoms se rapportent à une seule personne. Exemple : c'est *nous-même* qui avons fait cela ; mon ami, est-ce bien *vous-même* qui avez tué ce loup ?

D. Peut-on se servir de *nous* au lieu de *je* ou *moi*?

R. On s'en sert quelquefois, par exemple : *nous* maire et officier de l'état civil, certifions etc. ; *nous* voulons, *nous* ordonnons, *nous* mandons, etc. (disent les magistrats); pour *moi maire*, etc. ; *je veux*, *j'ordonne*, *je mande*, etc. C'est le style des actes de l'autorité publique.

D. Quand est-ce que le pronom *le* ne prend ni genre ni nombre ?

R. Le pronom *le* ne prend ni genre ni nombre, quand il tient la place d'un adjectif ou d'un verbe, et alors il peut se tourner par *cela*. Par exemple, si l'on disait à une femme : *Madame, êtes-vous malade ?* il faudrait qu'elle répondît : *oui, je le suis*, et non pas *je la suis*, parce que c'est comme si elle répondait : *je suis ce'a*, c'est-à-dire, *je suis ce que vous me demandez, je suis malade. On doit s'accommoder à l'humeur des autres autant qu'on le peut ;* je mets *le* parce qu'il se rapporte au verbe *accommoder ;* c'est comme si l'on disait : *autant qu'on peut cela*, c'est-à-dire *s'accommoder*, etc.

D. Mais si *le* se rapporte à un substantif ou à un adjectif précédé d'un article, le pronom *le* prendra-t-il le genre et le nombre ?

R. Oui. Exemples : 1.° *Etes-vous la malade que j'ai visitée autrefois ?*

2.º *Etes-vous* les *hommes que j'ai ren-
contrés dans mon voyage?*

3.º *Etes-vous toujours* la *même?*

Il faut répondre : 1.º oui, je *la* suis, c'est-
à-dire *je suis la malade;* 2.º oui, nous *les*
sommes, c'est-à-dire, *nous sommes ces hommes;*
3.º oui, je *la* suis, c'est-à-dire , *je suis la*
même personne.

D. Si l'on disait : *étes-vous fille , femme ,*
comtesse , reine , duchesse , etc. , ou , *étes-*
vous filles , femmes , etc. ; comment faudrait-
il répondre ?

R. Il faudrait répondre : *je le suis ,* ou
nous le sommes , c'est-à-dire , *je suis ,* ou *nous*
sommes cela , ce que vous demandez ; ou
bien , *je ne le suis pas , nous ne le sommes*
pas , c'est-à-dire , *je ne suis pas , nous ne*
sommes pas cela , ce que vous demandez , etc.

Dans cette phrase et semblables , le nom
qui est immédiatement après le verbe doit
être regardé comme adjectif ; mais il faut qu'il
n'y ait point d'article entre le verbe et ce
nom ; car ce serait la même règle que ci-dessus :
étes-vous la malade , etc.

D. Quand est-ce qu'il faut employer le
pronom *soi?*

R. Il ne faut l'employer qu'après un nominatif vague et indéterminé , ou qu'après le présent de l'infinitif , ou qu'après un nom de chose inanimée.

Exemples :

On ne doit jamais parler *de soi* ; chacun songe *à soi* ; quiconque n'aime que *soi* n'est pas digne de vivre ; n'aimer que *soi* , c'est être mauvais citoyen ; le chêne attire les vents *à soi.*

D. Faut-il dire : c'est *en* Dieu *en* qui nous devons mettre notre espérance ; C'est *à* vous-même *à* qui je veux parler ; c'est *à* lui *à* qui je dois, etc. ?

R. Non. Ces phrases sont incorrectes , parce que la préposition ne peut avoir deux fois le même régime , puisqu'on ne montre qu'un seul rapport.

Mais voici comme il faut dire : c'est *en* Dieu *que* nous devons mettre notre espérance ; c'est *à* vous-même *que* je veux parler ; c'est *à* lui *que* je dois, etc. (Dans ces phrases et semblables le *que* n'est pas relatif , mais il est conjonction).

D. Quand est-ce qu'il faut se servir de *ceci* et de *cela* ?

R. On se sert de *ceci* pour désigner une chose proche, et on se sert de *cela* pour désigner une chose éloignée. Exemple : je n'aime pas *ceci*, donnez-moi *cela*.

D. Comment s'emploient *celui-ci*, *celui-là*, *celle-ci*, *celle-là*?

R. Ils s'emploient de cette manière : *celui-ci*, *celle-ci*, pour la personne ou la chose dont on a parlé en dernier lieu; *celui-là*, *celle-là*, pour la personne ou la chose dont on a parlé en premier lieu. Exemples : *les deux philosophes Héraclite et Démocrite étaient d'un caractère bien différent*; celui-ci *riait toujours* et celui-là *pleurait sans cesse.* (On voit que c'est *Héraclite* qui pleurait, et *Démocrite* qui riait).

La paresse et la débauche sont deux grands défauts : celle-ci *ruine ceux qui ont du bien,* et celle-là *empêche de travailler ceux qui n'en ont point.*

D. *Qui* relatif n'est-il pas toujours de la même personne que son antécédent ?

R. Oui. Ainsi, il faut dire : *moi qui ai vu, c'est moi qui l'ai tiré, c'est moi qui l'aimai, c'est toi qui l'as sauvé, c'est nous qui l'avons vu, c'est lui qui m'a battu, c'est elle* qui *l'a pris; ce sont eux, ce sont elles* qui *l'ont annoncé.*

D.   *Qui* précédé d'une préposition se dit-il des choses?

R.   Il ne se dit jamais que des personnes. Dites : *les hommes* à qui *j'ai donné du secours,* et ne dites pas : *les sciences* à qui *je m'applique ;* mais dites : *les sciences* auxquelles *je m'applique.*

D.   Quand *ce* est devant le verbe *être,* comment veut-il ce verbe?

R.   Il le veut au singulier, excepté quand il est suivi de la troisième personne plurielle. On dit : *c'est moi, c'est toi, c'est lui, c'est elle, c'est nous, c'est vous,* mais il faut dire : *ce sont eux, ce sont elles, ce sont vos ancêtres qui ont bâti ce château.*

D.   De quel genre est le mot *personne,* employé comme pronom?

R.   Il est du masculin. Exemple : *Je ne connais* personne *plus heureux que lui.*

D.   Mais si le mot *personne* est employé comme *nom,* de quel genre sera-t-il ?

R.   Il sera du genre féminin. *Cette* personne *est heureuse.*

D.   Faut-il encore dire : *un quelqu'un,
un chacun?*

R.   Non; ces expressions sont vicieuses et
surannées.

D.   Quel est le pluriel de *quelqu'un,
quelqu'une?*

R.   *Quelques-uns, quelques-unes.*

D.   Y a-t-il des pronoms indéfinis qui
n'ont point de pluriel?

R.   Il y en a plusieurs, comme *on,
quiconque, chacun, autrui, aueun, nul* (1)
personne. (2)

Le pronom *plusieurs* n'a point de singulier.

REMARQUES SUR LE VERBE.

Art. 34.

D.   Que faut-il remarquer sur la place du
sujet des verbes ?

(1) *On*, naturellement masculin singulier, est féminin
quand il s'applique à une personne du féminin, comme:
lorsqu'on a été coiffée, on est partie. Il est pluriel,
sans prendre d's quand le sens de la phrase désigne plusieurs personnes : *lorsqu'on voyage plusieurs ensemble,
on n'a pas peur d'être volé.*

(2) *Nul*, employé adjectivement, prend une *s* au
pluriel, et il s'accorde avec le nom auquel il se rapporte:
mots nuls, phrases nulles. Personne, employé comme
nom, prend une *s* au pluriel : *les personnes.*

R. Il faut remarquer que, lorsqu'on interroge, le nominatif ou sujet, soit nom, soit pronom, se place après le verbe. Exemple : Que penseront de vous les *honnêtes gens*, si vous n'êtes pas sages? Irai-*je*? Viendras-*tu*? Est-*il* arrivé? Dans ces exemples, les nominatifs ou sujets des verbes sont *les honnêtes gens, je, tu, il.*

D. Quand le verbe qui précède *il*, *elle*, *on*, *en*, *y*, finit par une voyelle, que faut-il mettre entre le verbe et le pronom?

R. Il faut y ajouter tantôt un *t*, tantôt une *s*, un *t* au présent de l'indicatif de la première conjugaison et au futur de tous les verbes, une *s* à l'impératif de la première conjugaison. Exemples : *Appelle - t - il ? Viendra-t-elle? Aime-t-on les paresseux? Appelles-en. Aimes-en. Quittes-en. Donnes-y tes soins.*

D. Comment appelle-t-on ces lettres dont on se sert pour empêcher que la prononciation ne soit rude ou désagréable, comme *l'* devant le pronom *on*, et *t*, *s* après un verbe?

R. On les appelle *euphoniques.* (1)

(1) *Euphonie*, s. f. T. de gram. prononciation facile, agréable. *Euphonique*, adj. T. de gram. qui a rapport à l'*euphonie.*

D. Faut-il toujonrs mettre le nominatif après le verbe, quand on interroge?

R. L'usage ne le permet pas toujours à la troisième personne, parce que la prononciation en serait rude et désagréable. Ne dites pas : *cours-je? dors-je? ments-je? sors-je?*

D. Comment faut-il donc dire?

R. Il faut dire, en prenant un autre tour : *est-ce que je cours? est-ce que je dors?* etc.

D. Quand on rapporte les paroles de quelqu'un, ne faut-il pas encore mettre le nominatif après le verbe?

R. Oui. Exemple : Je me croirai heureux, disait *un bon roi*, quand je ferai le bonheur de mes sujets (*bon roi* est le sujet du verbe *disait*).

D. Le nominatif ne se met-il pas aussi après le verbe, quand ce verbe est précédé de *tel*, *ainsi?*

R. Oui. Exemples : tel était *son avis*, ainsi mourut *ce prince;* c'est comme si l'on disait : son avis *était tel;* ce prince *mourut ainsi.*

D. Se met-il encore après les verbes impersonnels?

R.   Oui : Il est arrivé *un grand malheur*, c'est-à-dire, *un grand malheur est arrivé*.

PRÉTÉRIT DÉFINI.

D.   Quand est-ce qu'il faut se servir du prétérit défini?

R.   Il ne faut se servir du prétérit défini qu'en parlant d'un tems absolument écoulé et dont il ne reste plus rien ; ainsi ne dites pas : *j'étudiai aujourd'hui, ce matin, cette semaine, cette année*, parce que *le jour, la semaine* et *l'année* ne sont pas encore passés.

D.   Comment faut-il dire ?

R.   Il faut se servir du prétérit indéfini et dire : *j'ai étudié* aujourd'hui, cette semaine, cette année, ce matin etc.

D.   En quelle circonstance doit-on faire usage du prétérit défini?

R.   C'est lorsqu'entre le moment passé et celui où l'on parle il y a au moins l'intervalle d'un jour, d'une semaine, d'une année etc.

Exemples : *j'étudiai* hier, avant-hier, la semaine passée, l'an dernier. *J'allai à Paris en 1817.*

PRÉTÉRIT INDÉFINI.

D. Comment s'emploie le prétérit indéfini ?

R. Il s'emploie pour un tems passé qu'on ne désigne pas, ou dont il reste encore une partie à s'écouler ; on dit bien : *j'ai étudié* ce matin, cette semaine, cette année ; *j'ai appris* l'arithmétique ; *j'ai été* à Paris.

SUBJONCTIF.

D. A quel tems du subjonctif faut–il mettre le verbe qui suit la conjonction *que*, quand elle régit ce mode ?

R. Il faut mettre le second verbe au présent ou à l'un des tems passés, selon le sens de la phrase, ou selon l'idée qu'on a en vue. Après le présent ou les futurs de l'indicatif, si l'on veut exprimer le moment présent ou le moment à venir, il faudra que le second verbe soit au présent du subjonctif. Si l'on veut exprimer le moment passé, on emploiera le prétérit du subjonctif. Le prétérit indéfini demande l'imparfait ou le prétérit du subjonctif. Les autres tems de l'indicatif ou les conditionnels veulent l'imparfait ou le plusque-parfait du subjonctif. Exemples : Il faut qu'*il rende*, qu'*il ait rendu*. Il fallait qu'*il rendît*, qu'*il eût rendu*. Il fallut qu'*il* *rendît, qu'il eût rendu.* Il a fallu qu'*il rendît,* qu'*il ait rendu.* Il avait fallu qu'*il rendît,* qu'*il eût rendu.* Il faudra qu'*il rende,* qu'*il ait rendu.* Il aura fallu qu'*il rende,* qu'*il ait rendu.* Il faudrait qu'*il rendît,* qu'*il eût rendu.* Il aurait fallu qu'*il rendît,* qu'*il eût rendu.*

D.   Les autres verbes suivent-ils la même règle?

R.   Oui : *je craignais qu'il ne fût tué; vous vouliez qu'il vînt; on a désiré qu'il fût pris; on aurait voulu qu'il fût venu plus tôt; son père voulait qu'il vînt ou qu'il fût venu; je n'aimais pas que vous dansassiez; tu m'avais dit qu'il fallait que tu les prisses.*

D.   Ne peut-on pas aussi employer les tems passés du subjonctif après le présent de l'indicatif?

R.   Oui, pourvu que les tems du subjonctif puissent se tourner par les conditionnels. Exemples : *je crains que vous ne vinssiez demain,* si on vous laissait faire (vous *viendriez*); *il est peu d'hommes qui ne cherchassent à s'enrichir dans les postes élevés* (qui ne chercheraient).

D.   N'y a-t-il pas des cas où l'on doit se servir du présent du subjonctif après un tems passé?

R. On doit s'en servir quand on veut exprimer une chose toujours vraie, une chose qui a été et qui subsiste encore ; car si l'on employait le passé, il semblerait que la chose a cessé d'être vraie.

Exemples :

Les bons rois ont toujours désiré *qu'on exécute* les lois.

Si je disais : les bons rois ont toujours voulu *qu'on exécutât* les lois, on pourrait entendre que maintenant ils ne le désirent plus ; ce qui serait contraire à la vérité.

D. Peut-on se servir du présent de l'infinitif, au lieu de l'imparfait du subjonctif?

R. On peut et l on doit s'en servir, toutes les fois que la phrase le permet. Ainsi, cette phrase : j'avais peur *de ne pas le trouver*, vaut mieux que celle-ci : j'avais peur *que je ne le trouvasse pas* ; j'aurais mieux aimé *lui donner du pain*, doit se dire plutôt que : j'aurais mieux aimé *que je lui donnasse*.

REMARQUES SUR LES PARTICIPES PASSÉS.

DU PARTICIPE PASSÉ DES VERBES RÉFLÉCHIS.

Art. 35.

D. Quand le participe passé d'un verbe

réfléchi est précédé de son régime direct,
doit-il s'accorder avec ce participe ?

R.   Oui.

Exemples :

Mon père *s'est blessé*, (se, soi, rég. dir.).
Ma mère *s'est blessée*, (se, soi, rég. dir.).
Nos frères *se sont aimés*, (se, reg. dir.).
Nos sœurs *se sont aimées*, (se reg. dir.).
        1.°   2.°
Après nous *être bien disputés*. nous nous
sommes réconciliés, (1.°, 2.° reg. dir.).

Exception unique.

D.   Si le régime qui précède le verbe réfléchi est régime indirect, le participe devra-
t-il s'accorder avec ce régime ?

R.   Non.

Ils se sont dit des injures, c'est-à-dire,
ils ont dit *se* (à soi, à eux, à elles, rég. ind.)
des injures, (rég. dir.).

D.   Comment peut-on voir si le régime
mis devant le participe est indirect ?

R.   C'est lorsqu'on peut expliquer *me*, *te*,
se, *nous*, *vous*, par *à moi*, *à toi*, *à soi*, *à
lui*, *à elle*, *à nous*, *à vous*, *à eux*, *à elles.*

D.   Donnez-moi des exemples où les pronoms *me*, *te*, *se* etc. soient tantôt régimes
directs, et tantôt régimes indirects.

R. Je vais vous en donner de l'un et de l'autre cas.

<table>
<tr><td>

1.er cas.

Exemples du régime direct, mis avant le participe.

Elles *se* sont *mises* dans les dettes, (*se*, mis pour *elles*, reg. dir.). Elles ont mis *elles.*

Ils *se* sont *proposés* pour modèles, (*se*, rég. dir.). Ils ont proposé *eux.*

Ils *se* sont *tourmentés.* Ils ont tourmenté *eux* (rég. dir.).

Nous *nous* sommes *rendus* coupables. Nous avons rendu *nous* coupables, (*nous* rég. dir.).

</td><td>

2.e cas.

Exemples du régime ind. mis avant le participe.

Elles *se* sont *mis* cela dans la tête, (*se*, mis pour *à elles*). Elles ont mis cela (reg. dir.) à *elles* (rég. ind.).

Ils *se* sont proposé *des écus*, (*se* rég. ind.). Ils ont proposé *à eux*, (rég. ind.), *des écus* (rég. dir.).

Ils *se* sont *tourmenté* la mémoire, c'est-à-dire, Ils ont tourmenté la mémoire, (rég. dir.), *à eux*, (rég. ind.).

Nous *nous* sommes *rendu* service. Nous avons rendu service (rég. dir.), *à nous* (rég. ind.).

</td></tr>
</table>

C'en est assez pour faire voir que chaque fois qu'on rencontrera des phrases semblables, il faudra toujours, pour les écrire correctement, en chercher les régimes et se ressouvenir de la règle.

DU PARTICIPE PASSÉ, *précédé de son régime simple ou direct, et suivi d'un verbe au présent de l'infinitif.*

Art. 36.

D. Quand le participe passé est précédé de son régime direct, et qu'il est encore suivi d'un verbe au présent de l'infinitif, que faut-il faire?

R. Il faut voir si le pronom qui précède ce participe en est le régime direct, ou bien s'il est régime de l'infinitif ; s'il est régime du participe, le participe s'accordera avec lui sans aucune difficulté ; mais s'il est régime de l'infinitif, le participe restera invariable.

D. Comment peut-on connaître si le pronom qui précède le participe est régime direct de ce participe?

R. Il est très-aisé de le connaître ; il s'agit seulement d'observer si ce pronom ou le substantif auquel il se rapporte, peut faire l'action de l'infinitif et s'il peut se mettre immédiatement après le participe, et de changer cet infinitif en *participe présent*, ou en *imparfait de l'indicatif*, précédé du pronom relatif *qui.*

D. Comment peut-on connaître si le pronom qui précède le participe est régime direct de l'infinitif?

R.   C'est quand le régime ne peut se mettre immédiatement après le participe.

D.   Donnez des exemples de l'un et de l'autre cas.

R.   Bien volontiers.

I.ᵉʳ Cas.

Les femmes *que* j'ai *vues* mourir.

Les hommes *que* nous avons *vus* arriver.

Les alouettes *que* nous avons *entendues* chanter.

Nos parens se sont *laissés* mourir etc.

D.   Pourquoi le pronom relatif *que* et le pronom personnel *se* sont — ils régimes directs des participes *vues*, *vus*, *entendues* et *laissés?*

R.   Parce qu'on peut dire :

J'ai vu les femmes mourir, mourant ou qui mouraient.

J'ai vu les hommes arriver, arrivant ou qui arrivaient.

Nous avons entendu les alouettes chanter, chantant ou qui chantaient.

Nos parens *ont laissé* eux mourir, mourant ou qui mouraient.

2.ᵉ Cas.

Les murs *que* j'ai *vu* reconstruire.

Les verres *que* j'ai *entendu* casser.

Les *trous* que j'ai fait boucher.

Mes parens *se* sont *laissé* dépouiller.

D. Pourquoi le pronom relatif *que* et le pronom personnel *se* ne sont-ils pas régimes *directs* des participes *vu*, *entendu*, *fait* et *laissé* ?

R. Parce qu'on ne peut pas dire :

J'ai vu les murs reconstruire, reconstruisant ou qui reconstruisaient.

J'ai entendu les verres casser, cassant ou qui cassaient (quelque chose).

J'ai fait les trous boucher, bouchaut ou qui bouchaient.

Mes parens *ont laissé* eux dépouiller, dépouillant ou qui dépouillaient.

D. Comment peut-on tourner ces phrases?

R. On peut les tourner ainsi :

J'ai vu reconstruire les murs, (rég. de l'inf.).

J'ai entendu casser les verres, (rég. de l'inf.).

J'ai fait boucher les trous , (rég. de l'inf.).

Mes parens *ont laissé* dépouiller eux, (rég. de l'inf.).

Ou :

Les murs que *j'ai vu* reconstruire, pour qu'on reconstruisait.

Les verres que *j'ai entendu* casser, pour qu'on cassait.

Les trous que *j'ai fait* boucher, pour que *j'ai ordonné* qu'on bouchât.

Mes parens *se sont laissé* dépouiller, pour ont laissé quelqu'un dépouiller eux, ou qui les dépouillait.

D.   Donnez-moi encore quelques exemples du 1.er et du 2.e cas, afin que je puisse voir si vous comprenez cet important article?

R.   En voici :

1.er Cas.	2.e Cas.
L'actrice que *j'ai entendue* chanter. Qui est-ce *qui chantait ?* C'est *l'actrice*. On peut dire : *j'ai entendu* l'actrice chantant ou qui chantait ; *que* est régime direct de *entendu*.	L'ariette que *j'ai entendu* chanter. Qui est-ce qui *chantait?* Ce n'est pas l'ariette ; mais c'est quelqu'un qui la chantait ; par conséquent, *que* est régime direct de chanter. On ne peut pas dire ici : *j'ai entendu* l'ariette chanter, chantant ou qui chantait. Il faut dire : *j'ai entendu* quelqu'un chanter, chantant ou qui chantait l'ariette.
Les hommes que *j'ai vus* jouer. Sont-ce les hommes qui jouaient? Oui. *Que* (rég. dir.). *J'ai vu* les hommes jouant ou qui jouaient.	L'argent que *j'ai vu* jouer. Est-ce l'argent qui jouait? Non. *Que*, (rég. de l'inf.). *J'ai vu* quelqu'un qui jouait l'argent.

1.er Cas.	**2.e Cas.**
Les lièvres que *j'ai vus* courir, courant ou qui couraient.	Les pommes que *j'ai vu* cueillir, pour qu'on cueillait.
Ma sœur que j'ai *vue* écrire, pour qui écrivait.	La lettre que j'ai *vu écrire*, pour qu'on écrivait.
Les spectateurs que *j'ai entendus* siffler, pour qui sifflaient.	Les acteurs que *j'ai entendu* siffler, pour qu'on sifflait.
Je les *ai entendus* louer (les bonnes actions), ces hommes sages, pour *j'ai entendu* eux louant ou qui louaient.	Je les *ai entendu* louer (par les hommes sages), pour *j'ai entendu* qu'on les louait.

D. N'y a-t-il pas des phrases où l'on peut faire rapporter le pronom au participe ou au présent de l'infinitif?

R. Oui, il y en a ; il faut choisir la phrase selon l'idée qu'on a en vue, ou selon le sens qu'on veut y donner.

Ainsi ,

Il faut dire, si l'on veut faire rapporter le pronom au participe :	Il faut dire, si l'on veut faire rapporter le pronom à l'infinitif :
Les lièvres que j'ai *vus* manger, pour *qui mangeaient.*	Les lièvres que j'ai *vu* manger, pour *qu'on man-geait.*
Les enfans que j'ai *vus* jouer, pour *qui jouaient.*	Les enfans que j'ai *vu jouer*, pour *qu'on jouait* (dont on se raillait).
Les alouettes *que j'ai en-tendues siffler*, pour *qui sifflaient.*	Les alouettes que *j'ai entendu siffler*, pour *qu'on sifflait.*

Je les *ai vus faire* des	Ces sottises, je les *ai vu*
sottises, pour *qui faisaient.*	faire, pour *qu'on faisait.*

Observation.

D. Faut-il dire :

J'ai cueilli des poires autant que *j'ai pu?*

Il m'a fait tous les services qu'*il a voulu?*

Nous lui avons rendu tous les services *que nous avons dû?*

R. Oui, parce qu'après le participe il y a un infinitif sous-entendu. C'est comme si l'on disait :

J'ai cueilli des poires autant que *j'ai pu en cueillir.*

Il m'a fait tous les services qu'il *a voulu me faire.*

Nous lui avons rendu tous les services *que nous avons dû lui rendre.*

DU PARTICIPE et DU VERBE
à l'infinitif, liés par une préposition.

Art. 37.

D. Quand le participe et l'infinitif présent sont liés par une préposition, le pronom doit-il être le *régime* du participe ou celui de l'infinitif?

R. Le pronom doit être le régime du participe, si, comme nous avons dit, page 94, òn peut mettre immédiatement après ce participe le *substantif* dont le pronom tient la place ; autrement le pronom doit être le régime de l'infinitif.

D. Citez des exemples où le participe varie.

R. Les hommes qu'on a *obligés* de partir.

Les loups qu'on a *forcés* à courir.

Voilà des allouettes que nous avons *laissées* à tuer.

Les moineaux que j'ai *contraints* de voler.

Les lièvres qu'on avait *excités* à manger.

D. Pourquoi le participe varie-t-il ?

R. Parce que dans ces phrases et dans toutes celles qui ont la même construction, le relatif *que* est le régime direct des participes. Car on peut dire : on a *obligé les hommes* de partir.

On a *forcé les loups* à courir.

Nous avons encore *laissé des allouettes* à tuer.

Nous avons *contraint les moineaux* de voler.

On avait *excité les lièvres* à manger.

D. Citez des phrases où le participe ne varie pas.

R. La grammaire *que j'ai essayé* d'étudier.

Les participes *que j'ai conseillé* d'apprendre.

Les maisons *qu'on a commencé* à bâtir.

Les hommes *que nous avons eu* le bonheur de voir.

D. Pourquoi, dans ces phrases, le participe ne varie-t-il pas?

R. Parce que le relatif *que* est le régime direct de l'infinitif; car on peut dire :

J'ai essayé *d'étudier la grammaire.*

J'ai conseillé *d'apprendre les participes.*

On a commencé *à bâtir les maisons.*

Nous avons eu le bonheur *de voir les hommes.*

Et puisqu'on ne peut pas dire :

J'ai *essayé la grammaire* d'étudier.

J'ai *conseillé les participes* d'apprendre.

On a *commencé les maisons* à bâtir.

Nous avons *eu les hommes* le bonheur de voir.

DU PARTICIPE, *suivi de deux verbes au présent de l'infinitif.*

Art. 38.

D. Quand le participe est suivi de deux verbes au présent de l'infinitif, est-il variable ou invariable?

R. Il est variable , si le participe est celui d'un verbe réfléchi. Exemples : Nous avons vu les enfans *qu'elles s'étaient plues* à laisser battre par ces barbares.

Cette dame *s'est* toujours *plue* à faire faire le bien.

Cette honnête personne *s'est* toujours *dé-plue* à faire naître des dissentions.

Elle *s'est flattée* de vous faire renoncer à une si juste entreprise.

D. Que faut-il faire pour s'assurer que dans ces phrases et semblables le participe doit être variable?

R. Il faut examiner si le participe est avant ou après son régime. S'il est avant, il est invariable; s'il est après, il est variable.

PHRASES *dans lesquelles le participe et le verbe à l'infinitif, sont précédés de deux régimes directs.*

Art. 39.

D. Quand on rencontre des phrases où il y a deux régimes directs avant le participe et l'infinitif, que faut-il faire ?

R. Il faut les décomposer, et bien faire attention au sens de la phrase. Le *que* est toujours régime de l'infinitif, et l'autre régime est celui du participe, ou bien l'autre régime est le régime indirect de l'infinitif, et le participe n'en a point ; car l'infinitif peut les avoir tous les deux, et le participe peut s'en passer.

D. Citez des exemples où le premier régime appartienne à l'infinitif et le second au participe.

R. Mesdames, les ouvrages *que nous vous avons vues faire*, sont très-beaux.

Décomposez la phrase et dites :

Mesdames, nous avons vu *vous* (vous régime dir. du part.) faire quoi ? *que, lesquels ouvrages* (rég. dir. de l'inf.).

Mesdames, nous avons vu *vous* faire, faisant ou qui faisiez des ouvrages lesquels sont très-beaux.

La grammaire que *je me suis efforcé* d'étudier. (*J'ai efforcé* moi d'étudier la grammaire. Il faudrait ajouter un *e* muet au participe si le sujet *je* était féminin).

En parlant d'enfants :

Voilà les pierres *que je les ai vus jeter.* (J'ai vu eux jetant ou qui jetaient *que, lesquelles* pierres).

Les lièvres *que je les ai vus prendre*. (J'ai vu eux prendre les lièvres).

D. Citez des exemples où les deux régimes appartiennent à l'infinitif.

Les pierres *que je leur ai vu jeter*.

Les lièvres *que je leur ai vu prendre*.

Nota. — Il est tout clair que les régimes appartiennent à l'infinitif, puisque dans ces phrases et semblables on peut dire :

J'ai vu quelqu'un jeter des pierres (rég. dir.), à eux (rég. ind.), ou *j'ai vu jeter* (on leur jetait) *que, lesquelles pierres* (rég. dir.), à eux ou à elles (rég. ind.).

J'ai vu prendre (on leur prenait) *que, lesquels lièvres* (rég. dir.), leur, à eux, à elles (rég. ind.).

DU PARTICIPE PASSÉ *suivi d'un verbe qui n'est pas au présent de l'infinitif.*

Art. 40.

D. Que faut-il observer quand le participe passé est suivi d'un verbe qui n'est pas au présent de l'infinitif?

R. Il faut observer que ce participe est toujours invariable.

Exemples :

Voilà les malheurs que *j'avais pensé* que vous auriez.

Vous n'avez pas les richesses qu'on *avait dit* que *vous aviez.*

C'est cette chose que *j'avais cru* que *vous feriez.*

C'est comme si l'on disait :

J'avais pensé que *vous auriez* ces malheurs, et non pas : *J'avais pensé* les malheurs.

Dans ces phrases et semblables, le relatif *que* est le régime du dernier verbe et non pas du participe. Le premier *que* est conjonction.

D. Mais, si le verbe était réfléchi, le participe serait-il invariable ?

R. Au contraire, il serait toujours variable. Comme : voilà les dangers que *nous nous sommes aperçus que vous évitiez.* Nous avons aperçu *nous* (nous, rég. dir.).

DU PARTICIPE PASSÉ *employé unipersonnellement.*

Art. 41.

D. Que remarque-t-on lorsque le participe passé est joint à un verbe employé à l'unipersonnel ?

R.   On remarque qu'il est toujours invariable , quel que soit l'auxiliaire qui le précède.

Exemples :

Il s'est formé une réunion.

Il s'est passé bien des affaires.

La pauvreté qu'*il y a eu* en Espagne.

Les gros orages qu'*il a fait.*

D.   Pourquoi le participe ne s'accorde-t-il pas dans les deux premières phrases ?

R.   Parce qu'il n'y a point de *nom* devant *il* On doit regarder cet *il* comme réellement pronom indéfini. Si on voulait faire accorder le participe , il faudrait, comme nous venons de le voir, mettre un *nom* à la place du *pronom* , et dire :

Une réunion s'est formée.

Bien des affaires se sont passées.

D.   Pourquoi le participe ne s'accorde-t-il pas encore dans les deux dernières phrases ?

R.   Parce que le pronom *que* doit être regardé comme sujet du verbe , ou comme ne pouvant se tourner par *lequel , laquelle* (ce qui porte à croire que c'est plutôt une conjonction). Le sens est :

La pauvreté *qui a été* ou *qui a existé* en Espagne.

Les mauvais tems *qui ont eu lieu.*

DU PARTICIPE PASSÉ *précédé de son régime simple et suivi du sujet du verbe.*

Art. 42.

D. Le sujet influe-t-il sur l'accord du participe précédé de son régime direct?

R. Non; que le sujet soit avant ou après, le participe doit s'accorder avec son régime.

Exemples :

Les lièvres *qu'a tués* cet homme adroit.

Pourquoi ne pas soigner les abeilles *qu'a tant aimées* votre fils le plus jeune?

C'est comme s'il y avait :

Les lièvres que cet homme adroit *a tués.*

Pourquoi ne pas soigner les abeilles que votre fils le plus jeune *a tant aimées?*

DU PARTICIPE PASSÉ *précédé des mots* le, la, les.

Art. 43.

D. Le participe passé précédé des mots *le, la, les,* employés comme pronoms, varie-t-il?

R. Il varie, si ces pronoms se rapportent à un substantif.

Exemples :

Ce village, *je l'avais cru* plus grand. (J'a-
vais cru, quoi? le village, *l'* pour village,
rég. dir. de cru.)

Cette route, *je l'avais vue* belle (j'avais vu
la route, (régime dir., *l'* pour route.)

Ces vignes, *je les avais crues* mieux pré-
parées. (J'avais cru les vignes, rég. dir.).

D. Si le pronom *le* se rapporte à un adjectif ou à un verbe, le participe variera t-il?

R. Non.

Exemples :

La chaussure que le cordonnier m'a faite
n'est pas si solide que *je l'avais pensé*. (J'a-
vais pensé cela, ou qu'elle était solide).

La livre de pain ne coûte pas si cher *que*
mon frère me l'avait dit (avait dit cela, ou
qu'elle coûtait).

Les guerres n'ont pas été terminées comme
nous l'avons annoncé (nous avons annoncé
cela, ou qu'elles étaient terminées.

DU PARTICIPE PASSÉ *précédé du*
pronom indéfini en.

Art. 44.

D. Le participe passé précédé du pronom
en est-il invariable?

R. Il l'est toujours quand il n'a pas de *que* relatif avant lui.

Exemples :

Nous en avons mangé (en parlant de légumes). *Ma mère a cueilli ses pommes ; elle m'en a donné.*

C'est comme s'il y avait :

Nous avons mangé *de cela* (des légumes). Ma mère a cueilli *ses pommes ;* elle m'a donné une partie *d'elles* (pommes).

D. Si le participe est précédé du relatif *que*, reste-t-il invariable ?

R. Non.

Exemples :

Les outrages *que nous en avons reçus.*

Les soldats *que nous en avons ramenés.*

D. Que remarquez-vous dans ces deux exemples ?

R. Je remarque que le pronom *en* est toujours le régime indirect, et le relatif *que* régime direct. Je remarque également que ces deux exemples et semblables ne seraient pas moins corrects sans le pronom *en* , puisqu'on peut dire en le supprimant :

Les outrages *que nous avons reçus.*

Les soldats *que nous avons ramenés.*

D. Le participe doit-il varier dans ces phrases :

Il a composé *plus*, ou *moins*, ou *autant* de livres *que vous en avez lu ?*

Il m'a rendu autant de poires que *je lui en avais donné ?*

R. Il ne doit jamais varier dans ces phrases et semblables, parce que le *que* n'est pas relatif, mais qu'il est conjonction; car on ne peut pas le tourner par *lequel*, *laquelle*. Ainsi, il faut écrire *lu*, *donné*.

D. Qu'est-ce que le pronom *en* sous-entend toujours ?

R. Il sous-entend toujours un nom ou un pronom qu'on ne peut exprimer qu'en se servant de la préposition *de*. Ainsi, *en* est toujours mis pour *de cette personne*, *de cette chose* ou *de cela*, et, comme régime indirect, il ne doit jamais influer en rien sur l'accord du participe.

D. Quand est-ce que le pronom *en* présente des difficultés ?

R. Il en présente lorsqu'il est accompagné de l'auxiliaire *avoir*; mais pour détourner toutes celles qu'on pourrait rencontrer, il faut se ressouvenir de ces trois petites phrases,

Savoir :

Nous en avons mangé, c'est-à-dire, nous avons mangé *de cela* (en , rég. ind.).

Les outrages que nous en avons reçus, c'est-à-dire, les outrages lesquels nous avons reçus *d'eux* ou *d'elles*. (Nous avons reçu les outrages , rég. dir. , *en* , *d'eux* ou *d'elles*, rég. ind.).

Il a composé plus, ou *moins*, ou *autant de livres que vous n'en avez lu*, c'est-à-dire, que vous n'avez lu de livres. Il est aisé de voir que dans cette phrase *que* est conjonction, à cause des adverbes *plus*, *moins*, *autant*.

D. Le pronom *en*, suivi de l'auxiliaire *être*, présente-t-il des difficultés?

Non; par exemple, en parlant d'un livre :

Cette note *en est extraite* (en , *du livre*).

En parlant d'une femme :

Elle *était allée aux champs*, elle *en est bien vîte revenue* (en , *des champs*).

En parlant d'une affaire ou de quelqu'autre chose ?

Nous nous en sommes saisis (en , *de cette affaire*).

Nous nous en sommes ris (en , *de cela*).

Elles s'en sont plaintes.

Elles s'en étaient peintes (de cette couleur).

D. Dans ces phrases, les participes *saisis*, *ris*, *plaintes*, *peintes*, sont-ils bien employés?

R. Oui, et on ne peut les employer que de cette manière, puisqu'ils sont précédés d'un régime direct.

DU PARTICIPE PASSÉ *des verbes*
laisser *et* faire.
Art. 45.

D. Les participes *laissé* et *fait* suivent-ils la règle générale des autres participes?

R. Oui.

Exemples :

Je les ai laissés ou *laissées.*

Je les ai faits ou *faites.*

D. Quand le participe *laissé* est suivi d'un verbe au présent de l'infinitif, s'accorde-t-il?

R. Le participe *laissé* précédé de son régime direct et suivi d'un verbe au présent de l'infinitif, suit la règle générale.

Exemples :

Les loups *qu'il a laissés* passer.

Les poules *qu'il a laissées* pondre.

On peut dire :

Les loups *qu'il a laissés* passant, ou qui passaient.

Les poules *qu'il a laissées* pondant, ou qui pondaient.

D. Si le régime direct qui précède le participe est celui de l'infinitif, que fera-t-on du participe?

R. On le laissera invariable.

Exemples :

Les loups qu'*il a laissé tirer.*

Les alouettes qu'*il a laissé prendre.*

Elle *s'est laissé attendrir.*

Ces coqs *se sont laissé plumer.*

On ne peut pas dire :

Les loups qu'*il a laissés tirant,* ou *qui tiraient.*

Les alouettes qu'*il a laissées prenant,* ou *qui prenaient.*

Elle a laissé *elle attendrissant,* ou *qui attendrissait.*

Ces coqs *ont laissé eux plumant,* ou *qui plumaient.*

Mais on peut dire :

Il a laissé *tuer les loups.*

Il a laissé *prendre les alouettes.*

Elle a laissé *attendrir elle.*

Les coqs ont *laissé plumer eux.*

Ou bien :

Les loups qu'*il a laissé quelqu'un tuer*, pour *qui les tuait.*

Les alouettes qu'*il a laissé quelqu'un prendre*, pour *qui les prenait*, etc.

D. Si le participe *laissé* est suivi d'un verbe réfléchi, ce participe variera-t-il?

R. Oui :

Je l'*ai laissée* se séparer (en parlant d'une femme).

Je les *ai laissés* ou *laissées* se moquer.

D. Pourquoi le participe varie-t-il?

R. Parce que dans ces phrases, le pronom *se*, est toujours le régime direct de l'infinitif, et, par conséquent, le pronom qui précède le participe en est aussi toujours le régime. Il est évident qu'un verbe ne peut jamais avoir deux régimes directs.

D. Le participe *fait*, precédé d'un verbe au présent de l'infinitif, varie-t-il?

R. Il ne varie jamais; il n'y a que ce verbe qui soit excepté : que l'infinitif qui le suit soit actif ou neutre, peu importe, parce que le régime qui le précède est toujours le régime de l'infinitif ou du participe lié avec l'infinitif.

Exemples :

Je *les ai fait* aimer.

Les chaleurs *les ont fait* périr.

Il *les a fait* naître.

Je *les ai fait* dormir, etc.

DU PARTICIPE *de quelques verbes neutres.*

Art. 46.

D. Fait-on accorder le participe passé des verbes neutres *durer*, *dormir*, *vivre*, *travailler*, *languir*, etc., avec le *que* qui les précède?

R. Non.

Exemples :

Les deux jours *que* la pluie *a duré.*

Les trois nuits *que j'ai dormi.*

Les quatre années *qu'il a vécu.*

Les cinq nuits *qu'il a travaillé.*

Les six mois *qu'il a souffert.*

D. Pourquoi, dans ces sortes de phrases, le participe est-il invariable?

R. Parce qu'on peut substituer à la place de *que*, la préposition *pendant*, et dire :

Les deux jours *pendant lesquels* la pluie a duré, etc., etc.

D. Comment pouvez-vous voir qu'au lieu de *que*, on peut substituer la préposition *pendant?*

R. Parce que le *que* ne peut être régime direct de ces verbes *durer*, *dormir*, etc., et aussi, parce qu'on ne peut pas tourner ces phrases par le passif. On ne peut pas dire :

Les deux jours *qui ont été durés*.

Les trois nuits *qui ont été dormies*, etc.

D. Si des verbes neutres pouvaient s'employer dans le sens actif, leurs participes seraient-ils variables ?

R. Oui, nous avons déjà dit qu'il n'y avait pas d'exception. Exemples : *La bonne nuit que j'ai passée !* Je leur pardonne *les maux que j'ai soufferts*.

REMARQUES *sur les prépositions.*

ART. 47.

D. Que remarque-t-on sur les mots *autour* et *alentour ?*

R. Il ne faut pas les confondre ; *autour* est une préposition toujours suivie d'un régime : *autour de ma maison* ; *alentour* n'est qu'un adverbe et n'a point de régime : il était sur son trône et ses fils étaient *alentour*.

D. Quelle différence y a-t-il entre *avant* et *auparavant ?*

R. *Avant* est une préposition ; elle est toujours suivie d'un régime : *avant* l'âge ,

avant la moisson. *Auparavant* n'est qu'un adverbe, et n'a point de régime : Ne partez pas
si tôt, venez me voir *auparavant.*

D. Que faut-il remarquer sur *au travers*
et *à travers ?*

R. *Au travers* veut toujours être suivi de
la préposition *de : au travers* des ennemis,
au travers de la forêt ; et *à travers* n'en veut
jamais être suivi ; on dit : *à travers* les ennemis, *à travers* la forêt.

D. Quelle différence y a-t-il entre les expressions *en campagne* et *à la campagne ?*

R. *En campagne* ne se dit que du mouvement des troupes : l'armée est *en campagne ;*
mais on dit : mon père est *à la campagne.*
Mon frère a passé l'été *à la campagne.* (1)

REMARQUES *sur les adverbes.*

Art. 48.

D. *Plus* et *davantage* s'emploient-ils in-
différemment l'un pour l'autre?

R. Non ; *davantage* ne peut être suivi de
la préposition *de*, ni de la conjonction *que ;*
on ne dit pas : il a *davantage* de brillant que

(1) Il y a beaucoup d'autres remarques à faire sur les
prépositions ; les enfans les apprendront des instituteurs,
des dictionnaires et de l'usage.

de solide ; mais *plus* de brillant. On ne dit pas : il se fie *davantage* à ses lumières qu'à celle des autres ; mais il se fie *plus.*

D. Comment faut-il donc employer *davantage?*

R. Il ne faut l'employer que comme *adverbe.* Exemple : *la science est estimable ; mais la vertu l'est bien davantage.*

D. Faut-il confondre l'adjectif *prêt* avec la préposition *près?*

R. Non. On dit : *il est prêt à partir,* s'il a fait tous ses préparatifs de départ ; *il est près de tomber,* s'il doit tomber bientôt ; et non pas : il est près *de* partir, il est prêt *à* tomber.

Près de veut dire *sur le point de ; prêt à* signifie *disposé à.* Exemple : l'armée qui ne serait pas *prête à se battre,* serait bien *près d'être battue.*

REMARQUE *sur le régime des adjectifs et des verbes.*

ART. 49.

D. Un nom peut-il être régi par deux adjectifs ou par deux verbes à la fois?

R. Oui, pourvu que ces adjectifs ou ces verbes ne veuillent pas un régime différent.

Exemples :

Cet homme est utile et cher *à sa famille.*

Cet officier attaqua et prit *la ville.*

Vous voyez facilement que les adjectifs et les verbes veulent chacun le même régime.

D.   Mais, pourrait-on dire :

Cet homme est utile et chéri *de sa famille ?*

Cet officier attaqua et se rendit maître *de la ville ?*

R.   Non, parce que l'adjectif *utile* ne peut pas, comme *chéri*, régir *de sa famille ;* attaquer ne peut pas, comme *se rendre maître*, régir *de la ville.*

Comment faut-il donc dire ?

R.   Il faut dire, en donnant aux adjectifs et aux verbes le régime que chacun doit avoir :

Cet homme *est utile à sa famille* (régime d'utile) et *en est chéri* (en, pour d'elle, rég. de *chéri*).

Cet officier attaqua la ville et *s'en rendit maître* (la *ville*, rég. dir. d'*attaqua ;* en rég. ind. de *rendit*).

FIN DE LA SECONDE PARTIE.

APPENDIX.

Nota. — Une personne à qui je dois quelques conseils dont j'ai profité pour la redaction de cette Grammaire, m'a aussi communiqué, sur différentes façons de parler assez usitées, plusieurs observations qui m'ont paru curieuses. Je vais les offrir à MM. les instituteurs, mes collègues, afin qu'ils en fassent profiter leurs jeunes écoliers.

VEUILLEZ.

Le Dictionnaire de l'Académie, celui de Trévoux et d'autres ne donnent point d'impératif au verbe *vouloir*. L'excellent Dictionnaire grammatical de l'abbé Féraud porte expressément : « *Vouloir* ne s'emploie point à l'impératif. » On ne prie pas quelqu'un, ou l'on ne lui ordonne pas » de vouloir. Molière dit :

Veuillez être témoin de ce que je veux dire :
» on ne le dirait point aujourd'hui. »

Cette remarque est frappante d'exactitude. Si l'on se sert de *veuillez*, c'est qu'on y attache une idée de politesse qui n'a nul fondement. En effet, on ne voit pas comment il pourrait être plus honnête de commander de *vouloir* que de commander d'*agir*. Que l'on dise à quelqu'un : *asséiez-vous*, ou bien *veuillez vous asseoir*, le sens sera toujours le même ; toutefois le premier tour sera préférable, parce qu'il a plus de concision et plus de netteté.

Mais on conjugue très-bien l'impératif du verbe *en vouloir*, surtout s'il est joint à la négation *ne*. Le langage familier et le style épistolaire en fourniraient de fréquents exemples. En voici quelques-uns :

N'en veux pas à ton ami s'il se trompe.

Que le bon chrétien *n'en veuille pas* à son frère qui marche dans la voie de l'erreur.

« C'est dans la race si pernicieuse des charançons » qu'il faut chercher le destructeur de nos noisettes : *Ne » lui en voulons pas*. La nature ne nous a pas consultés » dans ses plans, etc. » (LATREILLE, *Histoire naturelle des insectes.*)

Vous êtes surpris de ne pas avoir reçu de réponse à votre lettre : *ne m'en voulez pas ;* j'étais absent quand elle est arrivée chez moi.

Ce jeune homme n'a commis qu'une imprudence ; il n'est pas méchant ; que ses parens *ne lui en veuillent pas.*

On voit par ces phrases qu'*en vouloir*, accompagné de la négation *ne* a toutes les personnes de l'impératif, formées de la même manière que celles des autres verbes. *Veuillez* n'y paraît pas. Cette vieille locution doit donc être abandonnée : elle est inutile et la prononciation n'en est point agréable.

POSSIBLE.

Ce mot est très-souvent employé d'une manière abusive et incorrecte. Il est adjectif, et l'on s'en sert mal-à-propos dans le sens adverbial. *Le plus tôt possible, aussitôt que possible, autant que possible, le plus doucement possible, le meilleur possible, le plus grand possible*, etc., tout cela est défectueux ; il faut, pour bien parler, introduire dans ces phrases et autres semblables le verbe *il est, il était, il sera*, etc. ; le plus tôt qu'*il sera possible*, aussitôt qu'*il sera possible*, autant qu'*il est possible*, etc.

A TORT ET SANS RAISON. — A TORT OU AVEC RAISON.

Puisqu'on dit *à tort et sans raison*, et qu'on ne peut parler autrement, il faut dire aussi *à tort ou avec raison*, et non, comme on l'entend quelquefois, *à tort ou à raison*. Exemple : Vous plaignez-vous *à tort*, on vous repousse ; vous plaignez-vous *avec raison*, vous obtiendrez justice ; examinez donc si vous avez à vous plaindre *à tort ou avec raison*.

DE SUITE, TOUT DE SUITE.

Il ne faut pas confondre ces deux expressions adverbiales.

De suite marque la succession, la continuité. *Je lis chaque jour cinquante pages* de suite. *J'ai parcouru dix lieues* de suite.

Tout de suite signifie sur-le-champ, aussitôt, sans délai. *Etudiez* tout de suite. *Allez faire cette commission* tout de suite. *Mettez-vous* tout de suite *à votre ouvrage.*

La négation NE *après* AVANT QUE *est toujours une faute.*

Il ne faut pas dire : on *ne* servira pas le dîner avant que *vous* ne *soyiez prêt à vous mettre à table.* Si l'on conserve ce tour de phrase, on dira : *avant que vous soyiez prêt.*

Les puissances belligérantes ne déposeront pas les armes *avant que* le gouvernement qu'elles combattent *ne* leur garantisse un meilleur ordre de choses. Dans cette phrase la négation est de trop ; il faut l'effacer et dire : *avant que le gouvernement....... leur garantisse.*

Remarquez toutefois que dans les phrases semblables,

qui ont la négation dans le premier membre, il vaudrait mieux adopter un autre tour et dire, par exemple : —

On *ne servira pas* le diner, *que vous ne soyiez prêt* à vous mettre à table.

Les puissances belligérantes *ne poseront pas* les armes, *que le gouvernement ne leur garantisse* un meilleur état de choses.

Il semble que, depuis quelque tems, les écrivains négligent cette tournure si nette et si française.

HORS LA LOI.

C'est une incorrection ; il faut dire et écrire *hors de la loi.*

RADIER *une inscription.*

Cette expression usitée par un bon nombre d'avocats et jurisconsultes n'est point française. Il faut se servir, comme le Code civil, du mot *rayer. Le créancier payé doit faire* rayer *les inscriptions. Les inscriptions hypothécaires* ont été rayées.

FIN